身边的科学

第一辑

家庭教育知识问答

刘国华 著

羊城晚报出版社

·广州·

图书在版编目（CIP）数据

身边的科学：家庭教育知识问答. 第一辑 / 刘国华
著. — 广州：羊城晚报出版社，2022.12
ISBN 978-7-5543-1160-8

Ⅰ.①身… Ⅱ.①刘… Ⅲ.①青少年教育－家庭
教育－问题解答 Ⅳ.①G782-44

中国版本图书馆CIP数据核字（2022）第251253号

身边的科学——家庭教育知识问答（第一辑）
SHENBIAN DE KEXUE——JIATING JIAOYU ZHISHI WENDA（DI YI JI）

责任编辑	王晓娜
责任技辑	张广生
装帧设计	友间文化
出版发行	羊城晚报出版社
	（广州市天河区黄埔大道中309号羊城创意产业园3-13B
	邮编：510665）
	发行部电话：（020）87133053
出 版 人	陶 勇
经 销	广东新华发行集团股份有限公司
印 刷	佛山市浩文彩色印刷有限公司
规 格	889毫米×1194毫米 1/32 印张4.375 字数100千
版 次	2022年12月第1版 2022年12月第1次印刷
书 号	ISBN 978-7-5543-1160-8
定 价	29.80元

常言道："家庭，是人生的第一所学校"；"家庭，是人生的港湾"。这两句话虽然简短，却道出了家庭对人生的重要意义。

然而，"学校"与"学校"、"港湾"与"港湾"之间的质量、作用是有差异的，这主要缘于各自对家庭的看法与构筑、维护上的差异。

《中华人民共和国家庭教育促进法》出台、施行后，全国上下对家庭教育的认识与重视程度普遍高了一层，研究、从事家庭教育的人也比以前多了起来——当然，也有少数关注、爱好家庭教育的人因读书过少、阅历过窄、思考过浅而致发表的一些观点、作出的一些结论明显过于武断，甚至闹出笑话……

本人不揣谫陋，也将自己这两年关于家庭教育的一些看法、感悟缀以成册，与大家交流，望大家指正。

刘国华

2022年11月

目录
Contents

1

真的是"人之初，性本善"吗

"人之初，性本善。性相近，习相远。苟不教，性乃迁……"这是大家耳熟能详的中国传统启蒙教材《三字经》最开头的几句。然而，随着思维的活跃，不断有人对此产生怀疑：真的是"人之初，性本善"吗？假如一个妇女生了三胞胎，试想在哺乳期，饥饿的三胞胎中有哪个婴儿会因为"性本善"而先让另两位同胞吃奶呢？显然是不可能的。国外也曾经有科研机构经过认真、反复研究得出结论：其实，婴儿在不顺心、发脾气的时候，脾气可以大到想把整个世界给毁灭掉——只是他（她）们不具备这种能力而已。质疑"人之初，性本善"观点的人，认为"人之初，性本恶"。正因为"性本恶"，所以人的后天教育显得相当重要！一个人出生到世上之后，有教育、教育得法，这个人就可能变天使；缺教育、教育不得法，这个人就可能变魔鬼。人生的第一任老师——父母，特别是母亲至关重要。七八年前，西南某市曾发生过一起10岁女孩反复暴打、虐待邻居1岁半男幼儿的事件。记者调查发现：施暴女孩自小就生活在严重缺失爱的影响、教育的家庭——她的父母动辄责罚她、暴揍她，由此导致她性格逐步扭曲……当然，从"苟不教，性乃迁"这个角度看，认为"人之初，性本善"的人与认为"人之初，性本恶"的人，出发点都是一样的：都在强调教育的重要性。

💜 读后心得

_____

_____

_____

_____

_____

_____

2

父母与子女究竟有几重关系

　　说到这个问题，幼稚的人会答：就是父子/父女/母子/母女关系嘛，明摆着的。稍为动点脑子的大人会答：还有师生关系，这是第二重关系。父母，是人生的第一任教师，教子女做人和其他……还有很多人没想到的是：父母与子女至少还有——或者说还应有第三重关系：朋友关系。为什么说父母与子女还有——或者说还应有朋友关系呢？当子女年幼或年轻的时候，如果父母把自己与子女关系的理解只停留在第一重，那么父母是不怎么合格的——没有履行对子女实施必要的家庭教育的职责；如果父母把自己与子女关系的理解只停留在第一、第二重，那就容易造成子女对父母敬爱、敬畏有加，而子女在成长路上碰到交友、恋爱（含早恋）、性骚扰、上当受骗等问题，或遇到一些思想障碍、精神压力时，就不会多跟父母沟通、多征求父母意见，就容易想偏、走偏。如果父母把自己与子女关系理解为至少得有三重：父子/父女/母子/母女关系、师生关系、朋友关系，并且努力地形成、构建这三重关系，那么父母就容易成为合格的，甚至是优秀的家长。各位读者认为如何呢？

💜 **读后心得**

_____

_____

_____

_____

_____

_____

3

夫妻吵架，通常错得最多的是哪一方

夫妻之间，相处久了，难免会有些口角。发生口角，必然会引来心中不痛快。因此，哪对夫妻都希望彼此之间的口角少一点，理解、恩爱、互敬、互助多一点。

今天要与大家沟通的话题是：夫妻吵架，通常错得最多的是哪一方？

也许有人会讲：清官都难断家务事呀，不好说。

可在我看来，夫妻吵架，通常错得最多的，是坚持要多说一句的那方！

为什么？就因为通常夫妻吵架，多属"人民内部矛盾"，多因小事引发，上不了纲和线。但不吵都吵了，吵开以后，带头克制自己、带头闭嘴的人，基本上都是修养较好、包容心较强的人。而因小事引发夫妻吵架，夫妻之间不依不饶、总是坚持多说一句，甚至多说几句的那一方，通常就是错得最多的了。

往往，正是由于你那多说一句、几句，造成夫妻之间矛盾加深、感情裂痕加大，甚至可能由"量变"引发"质变"。

夫妻相处之道，是一门学问。按常理说，夫妻得多在一块相处、多体贴、多关怀，才能多增进感情吧？前段时期由于防疫、抗疫，大家宅在家中的时间多了，夫妻聚在一块的时间也非常难得地增加了，本是好事呀！可据媒体报道：西北一座很有历史文化底蕴的老城市与南方一座很有创新能力的新兴城市，在这期间的离婚登记率却居然多起来了！

但愿更多的夫妻能好好相处下去；但愿更多的夫妻能少发生一些口角，一旦发生口角之时彼此都能有一定的克制力，都能尽量少说一句、几句……

💜 读后心得

_____

_____

_____

_____

_____

4

婆媳难相处，难在哪里

婆媳难相处，似乎是自古以来的事情。

因为婆媳难相处，所以有的媳妇在婆婆的鼓动下被自己的丈夫"休"掉，有的婆婆在媳妇的鼓动下被迫从儿子家里搬走，有的家庭婆媳之间经常吵闹，更多的家庭则婆媳之间就算表面平和也难以真正相处融洽，使做儿子（丈夫）的夹在婆媳（母亲与妻子）之间时常尴尬……

婆媳难相处，让这些家庭的生活质量、和谐氛围打了不少折扣。

封建时代，由于众所周知的原因，婆婆对比媳妇多处于强势。多年媳妇熬成婆之后，往往也就顺延着原婆婆的强势，继续在客观上推动着婆媳关系朝"不和"的方向发展。而在告别封建社会以后，婆媳关系好像还是比较难处，那问题出在哪里？难处难在哪里呢？

　　曾经有一位做媳妇的抱怨："昨天吃晚饭时，我婆婆针对我的一些小事说了几句，弄得我心情很不愉快！她凭什么说我？她又不是我妈！"说者无意，听者有心，我终于听出来了、想明白了、找出婆媳难相处的关键点了：当今社会，婆媳难相处，极大程度上就与"她又不是我妈"这句话有关！

　　媳妇叫婆婆为"妈"，叫自己的亲妈也是"妈"，但此"妈"与彼"妈"不同。亲妈把女儿生出来、抚养大，十几二十年的亲情，是真正的"血浓于水"。女儿自小在亲妈的呵护中长大，也自小在亲妈的呵斥，甚至打骂中长大。亲妈对长大后的女儿说点什么，女儿心中也不会有太多、太强硬的抵触。而婆婆稍为对媳妇说上几句，就可能引发媳妇的抵触情绪甚至逆反心理。

　　基于这一点考虑，建议做婆婆的在确实有必要向媳妇提意见、建议时，一定要找准时机、找好切入口并注重语气——当然，有些意见、建议可以借你儿子的口说出来；建议做媳妇的对婆婆一定要多一些关心、尊重、理解和包容，对婆婆朝你做的事说的话要多考虑其出发点。还有，婆婆也好，媳妇也罢，既然成为一家人了，彼此就一定要在情感上与能力范围内多关怀、多帮助、多体贴。

　　说到底，婆媳虽难相处，却并不一定就相处不了、相处不好。大家要多向那些关系不错、关系融洽的婆媳学习。回应前面讲到的一点：婆媳相处好了，也直接有利于家庭生活质量的提升、家庭和谐氛围的增强。

💜 读后心得

_____

_____

_____

_____

_____

_____

5

小孩擅自拿了大人的钱，就是贼吗

　　多年以前，女儿读小学低年级的时候，一天放学回到家，很紧张地跟我说："爸爸，我们班有个同学是贼！"这话吓我一跳："谁告诉你的？""班主任今早宣布的，说×××同学是贼，他偷了他母亲十块钱。"

　　后来有一次，我应邀到了英德南山脚下某学校，给学生家长开家庭教育讲座。讲完后，几位家长上前围住我咨询，最后面一位家长小声而又忧心地对我说："老师，我儿子是贼，快教我怎么挽救孩子吧。""你儿子是贼吗？""是，他偷过我包里的十块钱两次，还偷过他姑妈的二十块钱一次。"我问她的儿子今年有多大，她说正在这所学校念小学二年级。

　　我向她讲了一个真实的故事：一位细心的母亲发觉自己的包里隔几天就会莫名其妙地少一些钱，问孩子的父亲拿了没有。孩子的父亲说没拿，比母亲更细心的父亲跟着问母亲："每一次少多少钱？"母亲说："其实数额很小，就是一块、两块、五块这样。"父亲沉思了一两分钟，缓缓说道："我们忽视了一点——女儿上小学了，该适当给她一些零花钱了。"当晚，父母亲一起把女儿拉到身前，家长先承认自身的疏忽——女儿开始成长了，应该给点零花钱了。然后引导女儿：不多的零花钱也要省着用、用得其所。万一哪个时候零花钱不够了，可以跟家长提出来，但不能擅自去家长包里拿。从此以后，母亲的包里面再没有莫明其妙地少过钱，女儿快快乐乐、健健康康地成长……

那位家长听完故事后，若有所思、若有所悟地点点头，转身走了。

家长们，小孩擅自拿了大人的钱，恐怕不应迅速断言对方就是贼，而要具体情况具体分析，要善于用心理学、教育学等方面的眼光、知识去分析问题、解决问题，去教育、引导、挽救孩子。随意地、迅速地断言小孩是贼，对小孩的成长利多还是弊多？值得三思。

💜 读后心得

6

父母如何对孩子进行死亡教育

据悉：中国青少年自杀率高居全球第一；中国5~24岁自杀人数每年高达15万人；16%的中国学生考虑过自杀。而且不少真实案例告诉我们，好多自杀已遂的中国青少年自杀的直接原因看起来都很"常见"，都属于"屁大的事"："被没收手机""被老师批评""考试作弊被发现""感受不到父母的爱""被关电视机""怕考试"……

由此可见，家长们恐怕不能继续忽略对孩子的死亡教育。

父母、家长如何对孩子进行死亡教育？有几点恐怕要注意：

一、适时开始死亡教育。有专家说，随着孩子年龄的增长，儿童在4岁左右就会产生死亡的概念。

二、用具体的人、具体的死亡案例或具体的故事进行启发教育——案例、故事越具体、真实、感人，效果就可能越好。

三、一定要让孩子明白：某人死了，就是某人再也回不来了，就是你再也见不到某人了——包括你最喜欢的人。

四、死亡教育，要教育孩子珍惜生命，认识到生命的有限，树立正确的生死观念，以正确的态度保护生命、追求生命的价值和意义。

五、死亡教育，也应该是爱的教育、情感的教育——应该是孩子成长过程中必经的教育。

💜 读后心得

_____

_____

_____

_____

_____

_____

7

如何引导孩子理解"大方"与"吝啬"

　　大方与吝啬是相对应的两个形容词。大方，形容对于财物不计较、不小气、不吝啬。吝啬，形容过分爱惜自己的财物，应该用的时候也舍不得用。广东人常把吝啬称作"孤寒""小气"。

　　在这方面，家长宜教育、引导孩子对财物既不随意地过分大方，也不过分吝啬、小气。

　　有一个懂事、孝顺的小女孩，才六七岁，却已经十分懂得尊重、体贴、孝顺长辈了。某日，六十岁的祖母生日，她竟从自己仅有的三百元的"小钱柜"里取出一百元塞进利市袋，写上"祝祖母生日快乐"，双手奉上给祖母。又有一次，祖母带她去逛清远顺盈时代广场——当时她的"小钱柜"总金额只有四百元，她却舍得花两百多元给祖父祖母、父亲母亲各买了一份礼物——当然，那些礼物都是儿童才喜欢的小装饰品、小玩具。回到家吃晚饭时，祖母当着全家人的面，不停嘴地夸小女孩"懂事，大方，有孝心"！小女孩听了非常得意。做教师出身的祖父却在一旁陷入了沉思……

晚上做完作业，祖父微笑着把孙女拉到身边，摸着她的头发说："宝贝，少年儿童还是没有劳动收入的消费者，在孝敬长辈方面更多的是讲究'有心'而不是钱与物。祖母过生日，你给她盛饭夹菜也是孝心的体现，你给她包上五元十元的红包她也会很开心。出于孝心，你去商场一下子慷慨地买那么多礼物给大人，但其实你不买或者买少一点也不是吝啬。知道平常你怎么做，家里的大人就都会十分开心、十分喜欢你吗？"孙女瞪大双眼望着祖父，祖父缓缓说道："只要你学习好、表现好、适当地做些家务，家里所有的大人就都一定会很开心，很喜欢你的！明白了吗？"孙女认真地点了点头。

家长、大人，要及时、正确地引导孩子理解"大方"与"吝啬"。

💜 读后心得

_____

_____

_____

8

如何引导孩子认识社会

社会，可理解为由人与人形成的关系总和，也可说是共同生活的个体通过各种各样关系联合起来的集合，还可说是由人与环境形成的关系总和。

社会是怎么样的？父母应及时、正确地引导孩子去认识。

总体来说，社会有诗但不是诗，社会有鲜花但不是鲜花。社会有浪漫的东西，有惬意的层面，有可爱的元素，有诱人的内容；但社会也不排除有阴暗面的存在，有丑恶的东西滞留，有危险的因素靠近……

我们要及时教育引导孩子：社会就是社会，别把社会想得太完美，也别把社会想得太丑陋。你把社会想得太完美，睁眼看清社会后你可能会很失望，甚至绝望；你把社会想得太丑陋，还没看清社会你可能就已经失望，甚至绝望了。

　　社会，远远没到"不要和陌生人说话"的地步，也远远没到"人人都可信"的地步。社会可爱的元素值得你去接受、去享受，社会危险的因素你要学会规避、防范，社会阴暗的层面你要看得到，长大后尽可能配合其他正义的力量去让其缩小。

　　及时、正确地引导孩子认识社会，是对孩子身心健康应有的呵护。

　　💜 读后心得

_____

_____

_____

_____

_____

9

什么时候成家才算合适

男大当婚，女大当嫁，千百年来如此。男女牵手结婚，是组建家庭的标志。那么，什么时候成家才算合适呢？

当然，得符合法定的结婚成家年龄要求——这是基本前提。在这个基本前提之下，准备好了就结婚——或者说，准备好了才结婚。这"准备"，不能说跟房子、票子没关系。因为，我们都离不开人间烟火。但是，这"准备"，更多的是跟男女双方感情的深度、彼此的了解度与双方心智的成熟度相关。

为什么如今的离婚率越来越高？这一方面反映出社会的文明进步，另一方面反映出如今为数不少的男女结婚成家太过草率，"准备"明显不足。如果，婚前双方已经有了比较深入的了解、比较深厚的感情、比较成熟的心智，那么婚后就不可能轻言离婚。

就拿心智来说：有些人罔顾自己与恋人眼前的经济实力，盲目攀比他人，无新房不结婚、无私家车不成家，这种心智恐怕不能算比较成熟；有些人热恋时盲目憧憬婚后夫妻天天卿卿我我、生活日日无磕无绊，这也算不上成熟的心智。有些了解深入、感情深厚、乐意同甘共苦齐创业齐享福的恋爱男女，情愿刚结婚时从双方经济状况出发，先把家安在二手房、三手房甚至租赁房，婚后共同打拼、共同积累财富，逐步改善居住环境，这种心智应算得上成熟的心智。

有些恋爱男女知道水到渠成结婚以后，夫妻都应该对对方给予可能的包容、可以的理解，这种心智也应算得上成熟的心智。离婚绝不是结婚的初衷，为了婚姻牢固、持久，年轻人：准备好了才成家。

💜 读后心得

_____

_____

_____

_____

_____

10

如何抓住机会教育引导小孩

对小孩子的教育要讲究方法。抓住机会、顺势而为，就是其中一种好方法。

有一位父亲，他女儿读小学三年级。一天傍晚，女儿放学回家，看得出她心情相当不错，一边蹦蹦跳跳一边念着顺口溜进了家门："加入黑社会，生活多乐趣！加入黑社会，生活多乐趣……"

父亲一听，马上把女儿拉到怀里："乖女儿，爸爸问你几个问题，答完再开饭吧。"女儿："什么问题？"父亲："知道什么叫黑社会吗？"女儿摇了摇头。父亲："知道黑社会都干些什么吗？"女儿继续摇了摇头。父亲："知道黑社会是大家都讨厌的吗？"女儿又摇了摇头。父亲："知道黑社会是政府要打击、取缔的吗？"女儿还是摇了摇头。父亲："那你刚才为什么唱'加入黑社会，生活多乐趣'呢？"女儿："好听呀，我觉得挺顺口的。下午班里有人在传唱。"父亲摸了摸女儿的头发，认真、耐心地告诉女儿：什么叫黑社会；黑社会是干什么的；黑社会为什么会被大家讨厌；政府为什么要打击、取缔黑社会。父亲特别强调：所谓黑社会，是指相对于主流社会的社会群体。它的最基本特点是有组织地从事违法犯罪活动，为非作歹，称霸一方，严重破坏经济社会发展秩序、影响百姓生活，造成一定的社会恐惧感。讲完以后问女儿："还唱'加入黑社会，生活多乐趣'吗？"女儿按着心口说："爸爸，吓死我啦！原来黑社会是这样子的呀！您怎么不早告诉我？"父亲微笑着说："现在告诉你也不算晚。"

有一位爷爷，打从孙女满月起，他就几乎每天傍晚带孙女到北江边的绿道上呼吸新鲜空气。先是用手抱着或用小推车推着，孙女稍大一点后，就用自行车载着——车头固定了一张儿童椅。一天傍晚，爷爷在北江边绿道上慢悠悠地骑着自行车——车头坐着2岁的孙女。爷爷问："宝贝，这风景美不美呀？"孙女："爷爷，什么是风景呀？风景在哪儿呀？"爷爷："这里远有山，近有水，旁边有树、有草、有鲜花、有悠闲的鸟雀、有飞舞的蝴蝶，脚下有干净的绿道。你觉得美不美？"孙女："美啊，好美啊。"爷爷笑了："宝贝，你觉得美的外界，就是风景！"从那以后，孙女每次想去北江边玩，就对爷爷说："爷爷，我想去看风景。"

像这样抓住机会、顺势而为教育引导小孩，小孩就特别容易入心入脑。

💜 读后心得

_____

_____

_____

_____

_____

_____

11

动不动骂孩子"蠢"将会怎样

有的家长，对孩子说话往往只晓得顺着自己的心情、脾气，不知道顾及孩子的内心感受。

一位年轻的母亲，女儿刚由幼儿园升上小学一年级。小学毕竟跟幼儿园有了本质的不同——一个是学前教育，一个是学校教育。小学生，开始有了正式的课本与一些作业，还有一些阶段性的测验与考试。

母亲对女儿的期望很高，对女儿的学业盯得很紧。这样的好处是，女儿在学校的表现还不错，学习成绩也还可以。但"老虎也有打盹的时候"，女儿做作业不是次次都很晓畅很顺利，考试也不是次次都能满分。心急的母亲也就容易绷着脸骂她："怎么这么蠢？！"一个周末，女儿在家做作业，母亲在旁边督促、辅导。一不小心，女儿连着做错了几道数学题。母亲发现后，压不住心头的火

气，连着骂她几句"怎么这么蠢？！"骂得女儿红着脸低
下了头。沉默一会儿，女儿懦懦地自言自语："我怎么这
么蠢？！我怎么这么蠢？！"一旁教书出身的爷爷马上走
过来，一边摸着她的头一边安慰她："乖，你一点儿也不
蠢，只是有时不认真、不细心、不回头检查而已。"在爷
爷的安慰下，小女孩才慢慢地抬起头来重新学习。

有这么一个真实的故事——《母亲一路用谎言把儿
子引入重点大学》。说的是一位单身母亲，带着一个读初
中的儿子生活。儿子在学校调皮、好动，常打架，学习成
绩不好，班主任对他有很大意见。一日晚饭后，母亲去参
加家长会，班主任大声批评母亲："你这家长怎么教育孩
子的？这个月，你儿子在班里打过两次架！"母亲连连对
班主任说"对不起"。散会回到家，儿子惶恐地问："妈
妈，班主任是不是批评了我？"母亲强颜欢笑："哪里
哟？我儿子被班主任表扬啦！说你这个月才打了两次架，
比上个月少了一次。"儿子听了非常开心："您放心，
妈，下个月我一定会表现得更好！"学期中段考试后，母
亲又去开家长会。班主任又是大声批评母亲："你这家长
怎么教育孩子的？你儿子中考总成绩在全班排名倒数第
二！"母亲心情低落地回到家，儿子迎上门，又是惶恐地
问："妈，班主任是不是又批评我啦？"母亲又是强颜欢
笑："哪里哟？我儿子又被班主任表扬啦！说你近期学习

有进步，这次考试成绩比上次考试成绩有提升——由全班倒数第一上升为倒数第二！"……在母亲一次次善意的谎言激励下，儿子在校表现越来越好，学业不断进步，慢慢脱胎换骨。几年后，儿子竟然考入了一所全国重点大学！拿到大学录取通知书，知道母亲一路的用心良苦之后，儿子"扑通"一声跪倒在母亲面前，泪流满面："妈妈，真的真的好感谢您！"

正所谓"士气可鼓不可泄"，成长路上，小孩的自尊、自信无比重要。自尊、自信，是小孩成长路上的"助跑器"。家长，千万不要动不动就骂孩子"蠢"——动不动骂孩子"蠢"，只会挫伤孩子的自尊、自信。

💜 读后心得

12

"左撇子"要特别调教吗

"左撇子"，顾名思义，就是习惯用左手的人。"左撇子"也被称为"左利手"。

数年前，在广州，笔者被友人拉去参加了一场关于家庭教育的座谈会。会上，一位来自北方的颇有知名度的专家，与大家分享"把'左撇子'调教成'右撇子'"的做法与体会。笔者听了暗暗吃惊："对'左撇子'，真的要特别调教吗？"

"左撇子"除了大家都知道的经常用左手外，近两年还有人归结出"左撇子"的几大特点：

1. 右手人用左手做事，比"左撇子"用右手做事难度系数要大。

2. "左撇子"似乎在需要快速反应与正确空间判断的运动方面，表现更优异。尤其在某些运动项目如网球、美式足球、高尔夫球上面，都易表现得优于别人，网球名人如娜拉提诺娃、康诺斯、麦肯罗等。像击剑这种两人对手的运动，"左撇子"也有优势，夺冠比例高。

3. "左撇子"在某些方面常有与别人不同的独到见解。"左撇子"常在写或画之前，脑中已想好成型的图像；好些"左撇子"也会自己想办法把不容易记的零碎数据，重组成一页图画，很快就记住了。如现代建筑之父布鲁利斯基，14世纪时就提出数字图形说明如何能盖出佛罗伦萨圆顶大教堂——"我已想出完成后的样子。"他说。最终他击败了全欧洲的竞标者。

虽然，至今还没有充足科学依据证明"'左撇子'比'右撇子'更聪明"这个说法；但是，"左撇子"的几大特点已足以说明"左撇子"无须特别调教成"右撇子"，社会应该对"左撇子"采取更加包容的态度。

广大父母必须注意的是：孩子是否"左撇子"，在其两岁左右就能看到倾向，到三四岁时就会基本定型——此时也是孩子身心发育的关键期，如果强迫孩子"改手"，十分容易让孩子处于挫折与无助感之中。二十几年前，我的夫人一看见女儿用左手抓筷子，就拿起自己的筷子敲打女儿的小手，逼她"改正"。当初，自己没有更多的理由反驳夫人，虽然心疼，也只好作罢。

💜 读后心得

13

对年龄过于幼小的孩子该如何晓之以理

　　大人、孩子都要讲道理、明事理。大人是成年人、过来人，普遍懂得的各方面知识比较多；孩子是未成年人，普遍处于听理、明理、悟理、学习按理说话做事阶段，尤其是年龄过于幼小的孩子。

　　对于年龄过于幼小的孩子，家长也要养成对其晓之以理的好习惯，而不能对其过于溺爱或过于粗暴。当然，年龄过于幼小的孩子见识有限，领悟能力较低，说话做事比较随性，因此家长对其在晓之以理的同时，宜适当为其定下几条好懂好记、适应其年龄阶段特征的言行规范。比如，在我的外孙女一两岁、两三岁的时候，我就针对她的言行特点，在给她讲了一些简单的道理之后，为她定下四条言行规范：（1）大人话没说完的时候，别插嘴；（2）看电视时，不能距离电视机太近；（3）开、关电冰箱门时，不能太使劲；（4）吃饭的速度不能太慢。

定下以后，我经常要她背诵这四条规矩。一旦发现她没做好、没做够，再要她重新背诵一遍。日积月累，她在这几方面的言行就文明、进步了许多。

一位朋友，与人在清远合办了好几间幼儿园。某日，我到他办公室喝茶闲聊。他说："我们要求幼儿园的小朋友天天记住九句话、做好九件事：（1）离开座位时，要把凳子推进去；（2）见到别人时，要主动问好；（3）用餐后，碗筷必须自己洗干净放好；（4）地板必须自己动手用拖把拖干净……"我听完笑了："你们这是用最笨、最原始的办法，教小朋友做最基本、最应该做的事情。"

其实，这九句话、九件事，本是家庭、父母对孩子应做的"启蒙教育"——谁家孩子在这些方面表现不好，就容易遭人议论"家教欠缺"。只是，一段时期以来好多家庭、好多父母对这些方面的家庭教育都有所忽视了……

总的说来，对年龄过于幼小的孩子说理不能说得太生涩、深奥，而应在对其简单说理的同时，为其定下几条好懂好记、适应其年龄阶段特征的言行规范。

💗 读后心得

14

"AA制"更适合怎样的家庭

"AA制"，意思是个人平均分担所需费用，通常用于饮食聚会及旅游等共同消费、共同结账的场合，在于双方或多方都存在消费后一起结账，免去个人或者部分人请客，消费均分。据说，"AA制"起源于大航海时代的意大利，原本只针对一生可能只一起吃一次饭的人。"AA制"在中国，流行于"80后""90后""00后"的年轻男女当中。"AA制"如今已是社会流行语。不少年轻夫妇也在家庭开支中渐渐流行起"AA制"，小两口工资各自管理，债务各自负担。在夫妻"AA制"中，双方各自基本上属于完全的"经济独立体"，与"共同财产制"下的"经济共同体"的你中有我、我中有你，两人财产基本合而为一不同——当然，夫妻"AA制"普遍没有朋友、同事、旅伴之间实行"AA制"那么认真、分明。因此有人说：夫妻之间实行"AA制"，对于促进夫妻双方自尊、自爱、自立思想的树立有一定好处。在我看来，夫妻"AA制"，是夫妻商议后的选择，无可无不可。但在理论上，"AA制"更适合怎样的家庭则是值得探讨的话题。理论上，由于社会心理、社会习惯等原因，夫妻之间多数是男方的社会地位较高、经济收入较多，这就注定夫妻"AA制"难以普遍地、很好地体现夫妻公平与男女平等；理论上，低收入、中低收入夫妻两人收入都不高，如此夫妻"AA制"家庭注定难有集体经济积累，或注定难有较快、较大的集体经济积累，不易壮大家庭集体经济；理论上，中高收入、高收入夫妻两人收入都较丰厚，如此夫妻"AA制"恐怕才具有较强的合理性，才能更好地体现或促进夫妻双方的自尊、自爱、自立。

年轻夫妻们，"AA制"更适合怎样的家庭？值得好好考虑……流行的东西，未必对每一个人、每一对夫妇、每一个家庭都是最好的东西。

💜 读后心得

_____

_____

_____

_____

_____

15

家长教育孩子为何既要言传又要身教

言传，指用言语表达或传授。身教，指以自己的实际行动做榜样，对人进行教育。

蔡元培先生说过："家庭者，人生最初之学校也。"家庭教育是孩子最初接受的教育，这份教育伴随人的一生，对孩子的性格、脾气、秉性影响至深。

绝大多数家长，都懂得通过言语来教育孩子，传授做人的道德、礼仪，教育孩子要爱学习、讲文明、懂礼貌、重孝道、守法律、树立正确的"三观"。只是，相当数量的家长，在教育孩子方面都是身教比言传做得差，不知道或者是没践行好"身教胜于言教"，常常是要求孩子做到的，自己没有首先做到：要求孩子不说粗言秽语，自己却脏话连篇；要求孩子爱学习求上进，自己却夜夜沉迷牌局；要求孩子举止文明，自己却老是言行鄙俗；要求孩子不乱丢垃圾，自己却随手扔烟头纸屑；要求孩子言而有信，自己却屡屡说了不算；要求孩子勤俭节约，自己却总是大手大脚……

孩子是质朴的，其眼里、心里掺不得半点沙子；孩子是极具模仿力的，家长好的言行举止、不好的言行举止，孩子都本能地积极地仿效。

因为孩子是质朴的，家长对孩子只说不做，只言传不身教，就容易伤孩子的心，教育就容易事倍功半，更严重的是——极有可能引导孩子学会强迫人、不讲理，也极有可能让孩子滋生或增强逆反心理；因为孩子是极具模仿力的，家长的不良习惯、不当言行，就容易误导孩子，让孩子由此染上劣习——比方说，如果孩子小时候看到爸爸常打妈妈，或者孩子自己小时候常遭家长殴打，那么孩子长大后，就容易模仿家长行为，以为暴力是可以解决问题的。最典型的例子——而且还是群体性的：粤北某处乡村，前几年向某一线城市"输出"过系列攀爬入室盗窃大案要案的未成年作案分子。经查，这些未成年作案分子的父兄叔伯居然百分之九十九都是有社会劣迹的人员！

因此，建议广大家长记住三句话：

孩子的教育不仅是教育孩子，更是家长的自我教育。

家长要用嘴巴教育孩子，更要用自己的行动影响孩子。

最好的家庭教育，就是父母做最好的自己。

💜 读后心得

16

如何让孩子的心理更健康

人的健康包含身体健康和心理健康两方面，随着社会的发展、人类的文明进步，大家对心理健康开始重视起来。

预防少年儿童心理疾病，家庭教育是第一位的，家长要尽可能多地了解少年儿童心理特点及有关心理疾病的常识。从心理上多关注孩子，关爱孩子，让孩子不但有健康的体格，还有健全的人格。

如何让孩子的心理更健康？家长不妨从这几方面多加努力——

一、营造良好的家庭氛围

家庭是人生的港湾，家长要努力把这个港湾建设得和谐、民主、温暖，有爱，不乏乐趣。要使这港湾总是对孩子充满吸引力，总是让孩子充满愉悦感、充满信任感、充满安全感。

二、多陪伴孩子，多与孩子沟通

多关注孩子的喜怒哀乐及其原因，并及时加以科学、有效的引导。与孩子说话不要一味地居高临下，而要学会尊重孩子，平等对待孩子，鼓励孩子畅所欲言，一定要有耐心倾听孩子把话说完。等到孩子都不愿意与家长说话，或不愿与家长多说话了，麻烦就来了……孩子在任何方面遇到任何困难、发生任何问题，家长都要及时以正确的、友善的态度引导，帮助其分析、解决。

三、善于察言观色，捕捉孩子的心理

孩子在成长过程中，当然不可避免地会遇到一些心理压力，如学习成绩不好，在外面做错事或被其他人威胁、侮辱、打骂、欺骗、偷盗等。孩子的心理压力、心理问题，往往可以通过情绪变化和行为细节表露出来。家长要对孩子的心理问题细心观察、及时发现，并对其进行必要的心理辅导，帮助其卸压减负、爬坡过坎，提升其心理承受能力。

四、教育孩子学会自我调节心理

要经常教育孩子"成长路上不如意事很多"，得学会保持愉快的情绪、良好的心境，得知道"道路是曲折的、前途是光明的"，得掌握一些基本的负面情绪转移办法，比如说：找人倾诉；找欢快的歌曲来听，找美丽的图、文、风景来欣赏，找美好的事物来回忆……

五、对孩子的期望要适度，评价要以鼓励为主

父母不要对孩子期望过高、支配过多，家长要谨防因过度教育、过度支配而对孩子造成人格上的扭曲。家长要善于发现孩子哪怕是很小很小的成绩，及时地给予不同形式的表扬与肯定——特别是在孩子遭受挫折、心情沮丧之时。不要随便地骂孩子"蠢猪""笨蛋""瞎子""没出息""不可救药"……

愿天底下更多的家长重视孩子的心理健康，愿天底下更多的孩子健康成长！

💜 读后心得

_____

_____

_____

_____

_____

_____

17

为什么说孩子要尽可能与父母一起生活

孩子要尽可能与父母一起生活，这是社会上的一种共识。至于农村留守儿童问题，那是社会发展过程中一种无奈的现象，政府、社会也对此十分关注，不断施予改进的努力。

除了我们通常说的农村留守儿童问题外，还有一些父母因为这样那样的原因，出于这样那样的考虑，把孩子交给祖辈照看、管护。

从孩子的成长角度看，孩子还是要尽可能与父母一起生活。因为：

一、孩子如果不与父母一起生活，势必影响父母与子女的亲情培养。长此以往，孩子与父母之间的亲子关系就容易大打折扣，彼此之间产生一种隔阂。这应该是任何家长都不愿意看到的。

二、孩子如果不与父母一起生活，而是与祖辈一起长住，那么由于众所周知的"隔代亲"的原因，祖父祖母、外祖父外祖母比较容易过度宠爱孩子，造成溺爱，对孩子各方面的成长十分不利。

三、孩子如果不与父母一起生活，而是与祖辈一起长住，那么有些祖辈由于文化、信息所限，督促、过问孩子的学业不力；有些祖辈由于年迈体弱，管护、教育孩子欠佳……长久下去，负面影响也是可想而知的。

四、孩子如果不与父母一起生活，还可能对孩子的心理、性格的健康成长、形成不利。正常情况下，周边的同龄人多与父母一起生活，夹在其中的不与父母一起生活的孩子就会觉得自己"很另类"，时间长了就容易因此产生自卑、孤独感。

当年，笔者的女儿年幼之时，远在500公里外的老家居住的笔者母亲曾好意地告诉笔者："看一头牛是看，看两头牛也是看。把你的女儿送回老家，跟着你的侄儿一起交给我照看吧。"

笔者笑了笑，感谢了老母亲一番，婉辞拒绝了……

💙 **读后心得**

_____

_____

18

家长对孩子该有怎样的期望值

望子成龙，望女成凤，是很多家长对自己孩子的期盼。然而，人中龙凤毕竟是极少数。那么，家长对孩子该有怎样的期望值呢？

事实上，并不是家长对孩子期望值越高，孩子就越成功。家长对孩子过高的期望值，往往反而成了孩子前进路上的累赘。因为，家长适度的期望值有助于增强孩子的自信心、进取心，但家长脱离孩子实际的过高的期望值，就容易起到负面的、消极的作用，就容易阻碍孩子健康成长。想想看：孩子经过努力，依然达不到家长过高的不切实际的期望值的话，是不是容易产生压抑感、自卑感，丧失上进心？

对孩子的期望值过高，也容易影响家长的心智、伤害家长与孩子的感情——孩子的表现老是达不到家长过高的期望值的话，家长很有可能不断向孩子施压，家长的脾气也很有可能逐渐变得暴躁或焦虑……

其实，更多的时候，家长要认真了解孩子的实际，了解孩子的禀赋、爱好与特长，了解孩子的内心世界，了解孩子成才的狭义所指与广义所在，多顺势而为、因势利导而少拔苗助长。

忽然想起多年以前有位社会学家写过一篇文章——《中国人为什么活得太累》。文章说，中国人往往活得太累，其中一个重要原因就是攀比心理在作祟。我是比较认同这个观点的。有的家长，因为孩子考上了省内名牌大学，自己由此而好好高兴、自豪了一番，后来听到同事的孩子考上了国内名牌大学，自己一攀比，又泄气了；有的家长，因为孩子参加某项比赛拿了全市第一，自己由此而好好高兴、自豪了一番，后来听说亲戚的孩子拿的是全省第一，自己一攀比，又泄气了……

部分家长对孩子的期望值过高，可能也与攀比心理有关系。

一些有识之士总结、概括了孩子成才的几条基本要素，或许可供家长们在设定对孩子的期望值时参考：正确的道德与法治观念；良好的学习习惯和学习能力；较强的动手能力；一定的创新能力；良好的情绪感知和控制能力；积极向上的心态；一定的社会交往能力；言行一致的品格；较高的审美水平……

💜 读后心得

_____

_____

_____

_____

_____

_____

19

如何把家庭经营好

常言道："家庭，是人生的港湾。"而这港湾，是一个汉语词语，指具有天然或人工掩护条件和必要的建筑物，供船只停泊或临时避风用的水域。可为什么有的家庭却并不能风平、浪静、水缓，给家人以安全、宁静、和睦、舒适的感觉呢？那是因为，这些家庭没有经营好。

这问题就来了——如何把家庭经营好呢？

在我看来呀，要想把家庭经营好，至少得注意以下七个方面：

第一，夫妻角色同等重要。

有的人说，家庭经营得好不好，关键看妻子。"家有贤妻，一好百好；家有悍妻，天天气饱。"有的人说，家庭经营得好不好，关键看丈夫。"丈夫，多是家庭的主心骨、压舱石、定盘星。"我说，经营一个家庭，夫妻角色同等重要，不存在谁重要谁次要的问题。

第二，有夫妻双方互相认可、相对合理、符合家庭实际的管财理财方式。

第三，夫妻在孝顺、孝敬老人方面不偏颇。

第四，对子女爱而不溺，宽而不纵，严而不苛。

第五，丈夫要适当参与家务劳动。绝大多数家庭是妻子干家务活为主的，但我不赞成在家务方面丈夫只满足于做甩手掌柜。很多时候，丈夫做点家务，主要不是为了帮妻子分担家务，而是为了向妻子传递一份体贴、表达一份爱。

第六，夫妻产生矛盾时，不要首先想着找第三方调解。夫妻之间产生了一般性的、不是特别大的矛盾时，双方都不要首先想着找第三方调解，妻子也不要动不动赌气回娘家。双方都要尽可能顾及对方的面子，夫妻之间的矛盾尽可能夫妻内部解决，尽可能双方有一方主动地先退一步，向对方示好。

第七，适时通过一些小创新小活动，增加一点家庭的小情调。比如：新春佳节到来之际，在家门口贴一副应景应节而且又有点文化气息的对联；雅兴来了的时候，带家人、小孩进行一次远足，组织一次家庭野餐；家中客厅的字画挂久了，试着更换新的符合家人气质修养的字画……

愿大家都有一个舒适、和谐、温暖的小家。

💜 读后心得

20

如何对待叛逆期的孩子

叛逆期是指青少年正处于心理的过渡期，其独立意识和自我意识日益增强，迫切希望摆脱成人（尤其是父母）的监护。他们反对父母把自己当小孩，而以成人自居。为了表现自己的"非凡"，他们也就对任何事物都倾向于持批判的态度。

正是由于他们感到或担心外界忽视了自己的独立存在，叛逆心理才由此产生，从而用各种手段、方法来确立"自我"与外界的平等地位。叛逆心理虽然说不上是一种非健康的心理，但是当它反应强烈时却是一种反常的心理。叛逆期的高峰年龄在14岁左右。

知道了叛逆期的由来，在对待叛逆期的孩子时，恐怕要注意以下几点：

一、尊重孩子。尊重其觉醒的独立意识，多听取孩子的意见，多与其进行平等的而不是上对下的居高临下的交流，适当地让孩子自己决定一些事情。

二、换位思考。不但不因叛逆期孩子一时的言行赌气，反而对其更加关心、关怀，给予更多的理解、疏导和帮助。

三、找好沟通的切入口。少讲或不讲空泛的大道理，从尊重孩子个性入手，有针对性地帮助孩子分析问题，多找一些共同或共通的话题。

四、允许犯错。叛逆期的孩子容易冲动，喜欢尝试，好表现自己。要适当肯定、鼓励叛逆期孩子的挑战意识、创新意识，正确引导其敢闯敢试，允许其犯一些非原则性错误。

五、与叛逆期孩子保持适当距离。不要事事插手、事事包办。让孩子慢慢地学会独立。

一位父亲，对他叛逆期的儿子说："孩子，扁担都是竹笋变来的，你父亲我也曾经历过叛逆期。有任何话你随时可以说出来，有任何问题你随时可以提出来，有任何想法你随时可以摆出来。就是不要太任性哟。"这位父亲与他儿子也一直相安无事，孩子顺利地度过了叛逆期。

💜 读后心得

21

如何控制家长情绪，抑制家长对孩子的极端态度、极端行为

　　家长对孩子的教育、引导，是一种细活，急不得，当然也拖不得。不同的孩子有不同的秉性、爱好，不同的家长也有不同的学识、修养、个性。值得注意的是：孩子经常会固执、顽皮、使性子——因为他（她）还小；家长却要注意控制自己的情绪，抑制自己对孩子的极端态度、极端行为——因为你是孩子身边的大人、成年人，得考虑自己对孩子的言行的后果。

　　有一位母亲，在一个周末的早上，原拟吃过早餐带女儿去少年宫学舞蹈的——那是她女儿的最爱，只因女儿突然要脾气不吃母亲做的早餐，母亲便控制不住自己的情绪，临时向女儿宣布一个惩罚性的决定——今天不准去学舞蹈了！哪怕女儿因此哇哇大哭……

　　有一位父亲，因为不满意儿子最近的学习成绩，就

一把抢过儿子正看得入迷的一本课外书，把它撕得稀巴烂……

这两位家长，是在小孩面前，被气得失态了，对孩子采取了极端态度、极端行为。

但是，这也大大地伤害了孩子的内心：女孩最喜欢的舞蹈课，被你突然报复性地停了；男孩那本被父亲撕烂的课外书，如果是借的，男孩怎么归还？如果是自己掏钱买的，那也变成浪费。而且，用中止学习、损毁图书来报复孩子，我觉得怎么看怎么不妥。

因此，家长很多时候要学会控制自己的情绪，懂得抑制自己对孩子的极端态度、极端行为，要多在"循循善诱+监督执行"上下功夫。

循循善诱，就是有步骤地引导、教育，就是急不得，不能三下五除二、快刀斩乱麻地革除小孩一些陋习、塑造小孩某种形象，必须由浅入深、持之以恒地说理、引导；监督执行，就是监护孩子成长，监督他（她）努力形成好的习惯，努力遵守孩子与家长之间达成的一些科学、合理的共识。

一位年轻的母亲，从来不对孩子采取极端态度极端行为，只是经常引导读小学的孩子与家长签订阶段性的书面"协议"，通过"协议"来引导孩子形成好品格、养成好习惯。孩子对"协议"遵守得好，家长就对孩子给予相应、合理的表扬、奖励。

　　我看呀，这种方法也值得参考。

💜 读后心得

_____

_____

_____

_____

_____

_____

22

家长，为何不能过分依赖学校教育

学校教育与家庭教育，两者之间应该是一种什么关系呢？应该是一种相互独立又相互联系、彼此不可替代的关系。

作为学生家长，千万不能只重视、只依赖学校教育，而忽视家庭教育。作为学生家长，再忙、再没空也不能放弃家庭教育。这么说的理由，至少有以下五个方面：

一、家长，往往是孩子一生最大的影响者。同样的教育内容，父母点点滴滴持续不断的言传身教往往大于老师每节四十几分钟的课堂教育。哪怕有的父母学历没有老师高、学识没有老师渊博，但父母对孩子潜移默化的影响是非常重要的。

二、学校的老师要关注那么多学生，对每一个孩子的关注程度、了解程度自然是无法跟家长相比的。

三、孩子的有些需求，老师是给不了的：像孩子对亲情的需求，对家长理解自己、支持自己、表扬自己的渴望等等。

四、孩子很多日常的生活、学习习惯，主要是在家长、在父母直接影响下一步一步形成的。

五、孩子日常更多的做人道理、孩子意志品格的逐渐形成，更多的要靠父母亲去引导、培养。

有的家长，不清楚家庭教育的重要性，总以忙为理由，把家庭教育给忽略了；有的家长，不清楚家庭教育的不可或缺性，总是简单、冷漠或粗暴地对待孩子在诸多方面、诸多细节上表露出来的对良好家庭教育的渴求，让孩子在成长道路上所受到的教育不完整、不全面，留下了终生的遗憾或短板甚至是苦果……

有的孩子说："我就是想和爸爸妈妈多待会儿。"有的孩子说："我就是希望爸爸妈妈多点儿关注我。"有的孩子说："我就是希望爸爸妈妈和我多聊天多讲理，多逛公园多玩游戏，少发脾气。"……

家长朋友们：为了孩子的健康成长，一起重视家庭教育吧！

💜 读后心得

23

如何培养孩子的仁爱之心

仁爱之心，指的是仁义慈爱的心。仁爱之心、仁爱精神的内涵是丰富、深邃的，核心可以归结为孝悌与博爱。

世上多一些仁爱慈善，就可以少一些冷漠、野蛮、残忍、暴虐……

如何培养孩子的仁爱之心呢？有两条至关重要。

第一条，是家长、长辈日常的点点滴滴的并非刻意的言传身教。家长、长辈的一言一行所传递的、表露的多是仁爱的内容、慈善的成分，自然对孩子造成潜移默化的影响。

第二条，是家长、长辈特意地，但又是顺势而为地对孩子进行情感教育、仁爱传输。

有一个刚上小学不久的女孩，父母亲和爷爷、奶奶都是有一定学历和良好修养的人士，家庭环境的熏陶让这个女孩斯文、懂礼貌、爱学习、讲和气，但她从小就害怕狗呀猫呀这些别人眼中的"宠物"。

一天中午，奶奶对她说："宝贝，刚才奶奶在楼下电梯门口碰见一只黄色的流浪猫，'咪咪咪'地叫着往我脚上蹭。奶奶伸手往它身上一摸呀，发现这只猫瘦骨嶙峋，应该是饿得快不行了。奶奶试着把它抱起来带回家，可就在楼下电梯门打开的一刹那间，可能是看见电梯里突然涌出一群人，那猫又吓得溜走了……"女孩关切地问："奶奶、奶奶，是真的吗？那后来呢？"奶奶说："后来，后来我就没有再找它了。"

到了晚上吃饭的时候，女孩动情地对奶奶说："奶奶、奶奶，傍晚回家时，我也在楼下远远地看见那只黄色的猫了。好像真的好可怜呀！你哪天把它带回家来好吗？"奶奶问女孩："你不是挺讨厌、挺害怕小狗、小猫的吗？"女孩回答："这只猫没得吃，那么可怜，我不讨厌它了。求奶奶把它带回家吧。"

过了几天，女孩通过媒体了解到一个真实的感人故事，又绘声绘色地给奶奶讲述："奶奶，河北省呀，有一个老婆婆去世了，然后呢，她养育、呵护了20年的那只白色的猫，悲伤得连续两天不吃不喝，也跟着去世了……"奶奶摸着女孩的头说："宝贝，做人呀，要有一颗仁义慈爱的心……"

💜 读后心得

24

帮孩子戒除网瘾有哪五忌

都说互联网是一把双刃剑，这话一点不假。有些上网者，主要是有些年轻的上网者由于长时间地和习惯性地沉浸在网络时空当中，对互联网产生强烈的依赖，以至达到了痴迷的程度而难以解脱。这样的行为状态和心理状态，被称作网络成瘾症，简称网瘾，又被称作网虫（网络寄生虫）。

不少家长眼看着自家小孩过度沉溺、过度痴迷互联网难以自拔而忧心忡忡，还有不少家长到处打听戒除网瘾的办法，也有一些家长因为不择手段地强制孩子戒除网瘾而变得与孩子关系紧张。

在我看来，家长、大人帮助孩子戒除网瘾有五忌：

一忌教育得太迟、引导得太慢。互联网有它的极大优势和极大吸引力。帮助孩子戒除网瘾应先从预防式教育开始。当孩子年龄尚小、还未全面接触互联网的时候，家长就要理智地、有远见地对孩子进行网瘾预防教育。像我，就对刚上小学不久的外孙女说："有一种虫，是由人变成的。你知道是什么虫吗？"外孙女好奇地问："人会变成虫？那会是什么虫呢？"我就把网瘾、网虫的概念细细地解释给她听，把网瘾、网虫的表现和害处细细地罗列给她，然后问她："你想做网虫吗？""不想！"外孙女果断地回答。

二忌方法太简单，手段太粗暴。有些家长、大人在小孩上网成瘾、上网成癖以后，眼看教不改、说不听，就采用打、骂等简单、粗暴的办法直接干预，造成双方关系紧张，最终效果也不一定好。

三忌急于求成，一曝十寒。有些家长、大人急于短时间戒掉孩子的网瘾，而不是立足于打持久战，一旦效果不好或情况反弹马上灰心泄气、怨天尤人。

四忌不注意树自身做榜样。有些家长、大人一边要求孩子戒掉网瘾，一边自己整天做"低头族"（玩手机）。

五忌就网瘾谈网瘾谈戒除网瘾。网瘾既涉及行为习惯问题、自制能力问题，也涉及心理问题、兴趣的广泛与狭窄及其转移问题。家长、大人要引导孩子跳出网瘾谈网瘾戒网瘾，要引导、培养他们的广泛兴趣，要巩固、提升他们的学业兴趣、工作兴趣、正常文体兴趣。

有位在异地教中学的朋友，跟我说了一件令人唏嘘的事情：他两年前的一个男学生是百分百的网虫，单亲家庭，母亲管不了他。这男生每晚上网玩游戏到凌晨，上课无精打采，最后不得不做休学处理（实际上是自动退学）。现在该男生在家还是如此，母亲说要取消WiFi，他说那他就去跳楼！至今他还是通宵上网、白天睡觉……

在这里，本人衷心祝愿更多的青少年、儿童能够健康、正常、顺利地成长、成才！

💜 读后心得

_____

_____

_____

_____

_____

_____

25

为何不要轻易当着他人的面，批评自己的孩子

广东人有句话，叫"一样米养百样人"。说的是不同的人有不同的习惯、不同的秉性、不同的处事态度与处事风格。

但作为家长，为了孩子的健康成长，有时候你就得改变自己的一些不科学的做法和习惯。

比方说，有的家长总喜欢当着他人的面，批评自己的孩子，给自己的孩子揭短，还以为这是在严格、有效地教育自己的孩子，"不给自己的孩子护短"。

有个做母亲的，教育孩子总喜欢用直接的、严厉的批评方式。一天傍晚，邻居家的女孩一起过来吃饭，这位母亲一边称赞邻居女孩吃饭快、不择食，一边责骂自己读小学低年级的女儿吃饭慢、太挑食，骂得自己的女儿放下筷子哇哇大哭了，还在骂个不停……又有一次，几家人高高

兴兴地带着孩子结伴秋游，这位母亲又因为自家女儿一不小心踩到污水弄脏了鞋子与裤脚而不停地责骂她，等到女儿掉眼泪了、旁人都过来替女儿说话了，做母亲的还不肯消停。

这位母亲没有意识到——或者说没有充分意识到：小孩与大人一样，都爱面子，都讲自尊，而且，小孩往往比大人更有明显的好强心理，偏偏小孩内心承受压力和委屈的能力又远远不如大人。基于这样的客观因素考虑，家长就不应该轻易当着他人——尤其是众人的面，批评自己的孩子。除非，孩子犯了明显的，必须立即斥责、中止并赔礼道歉的错误。而且，习惯性地、经常地在他人——尤其是众人面前训斥、责骂自己的孩子，往往是家长修养不够的表现。

所以说呀，家长教育孩子要注重孩子的心理，要讲究方法；要维护孩子的自尊，培养孩子的自信——孩子连自尊都没有了，自信就跟着受影响了。

家长对孩子，要有发现错的目光、容许错的胸怀和教育他（她）知错、认错、悔错的本事。

♥ 读后心得

26

如何开启和维护好孩子与家长交流的心灵之窗

　　作为家长，都希望自己的孩子聪明伶俐、活泼开朗。然而，有的家长发觉不知从哪天开始，孩子越来越不愿意跟自己交谈，越来越不愿意跟家长敞开心扉说心里话，讲心中事。

　　引发这种现象的原因有多种，今天呀我们来探讨其中一种原因——家长没有很好地注重开启和维护孩子与家长交流的心灵之窗。

　　绝大多数孩子小时候都是与家长关系很好的，都是在家长的呵护、教导下慢慢地、不断地、健康地成长。但也有少数孩子由于家长没有及时、科学地开启和维护他（她）与家长交流的心灵之窗，而慢慢地性格由开朗变得内向、由多言变得寡语、由事事向父母亲述说变得父母亲难以窥探他（她）的内心世界。这时候，家长的痛苦来了——当然，孩子的痛苦来得更早些。

孩子之所以会这样，很可能是家长没有很好地注重开启和维护孩子与家长交流的心灵之窗。

要开启和维护好孩子与家长交流的心灵之窗，家长就得对孩子亲近、和谐、民主、包容、讲理，就得对孩子多细心倾听、多表扬鼓励、多正面引导。家长得让孩子喜欢这个家，热爱这个家，让孩子真切地感受到这个家是他（她）的避风港，是他（她）展示的舞台、倾诉的场所，是他（她）可以相信可以依赖可以放下包袱敞开心扉的地方。

可惜呀，有些家长并没有给自己的孩子营造和提供这么一个家。孩子回到家里，或者是常常觉得大人与大人之间不和谐、不和睦、不合拍，或者是常常觉得自己在大人面前得不到足够的亲近、包容、尊重，得不到应有的表扬、鼓励、肯定，得不到热情引导，找不到倾诉对象，解不开心中的疙瘩——因为，家里的大人经常对他（她）关注不够，或者经常对他（她）冷嘲热讽、恶语伤人——也就是使用语言暴力。

一位朋友告诉我：他们家读初一的女孩突然不上学了，已经有一个多月。谁劝她她都不听，也不告诉你为什么。问多了，她就说："就是不想上学！也许，下个学期我会继续上学。"平日里家长也很难跟她有较长时间的聊天、较深层次的心灵沟通……

　　我想，这小孩子与家长交流的心灵之窗出了问题……

　　家长们，大家都来重视小孩子与家长交流的心灵之窗吧。

💜 读后心得

_____

_____

_____

_____

_____

27

为什么说，一家人有时候没道理好讲

　　我们做家长的，对孩子从小就教育他们要讲道理、守法律。这样做对不对？肯定是对的。"有理走遍天下、无理寸步难行"嘛！而法律呢，是做人的底线。

　　但话又说回来：有时候呀，一家人真的是没那么多道理好讲的——注意，这里讲的是"有时候"啊。

　　有一对同父同母的亲兄弟，两人的感情自小就好得不得了，父母亲也就他们两个孩子。弟弟年少的时候，是哥哥带着他走南闯北做生意。一转眼，兄弟俩都已经有了家室，都已经步入中年，并且都在远离家乡的同一个地方工作、生活。某日，两兄弟请四五个好友吃饭喝酒。席间，两兄弟突然因小事争论起来，愈争愈烈，最后在酒精作用下两兄弟居然还动起了手！当然，旁边的朋友很快就把他们调停了。事后，两兄弟都懊悔不已，都为一时的冲动羞愧难当……

其实呢，作为一家人，在很多琐碎事情面前，大可不必过于认真地纠缠谁对谁错谁有道理。很多无关原则的家庭矛盾、很多无关痛痒的一家人之间的口舌之争，在生活中是无须解答的、没有答案的！更多的时候，一家人之间、亲人之间，需要的是相互的体谅、相互的退让、相互的包容，各自站在对方的角度为对方着想。很多时候，在一家人之间的矛盾面前，只有退让和宽容，才是最好的解药。

一家人，本该相亲相爱，有时候——甚至很多时候真的没有道理好讲。

♥ 读后心得

28

为什么说，父亲要多陪伴孩子

为什么说，父亲要多陪伴孩子？

其实大家都清楚：父亲、母亲都要多陪伴孩子，陪伴孩子自小健康成长。

然而，大家也很清楚：现实生活、现实家庭中，往往是母亲陪伴孩子多，父亲陪伴孩子少。

今天，我不去考究这种普遍现象的形成原因，只想和大家说——父亲多陪伴孩子至少有"三个有利于"：

一、有利于夫妻和谐、家庭和睦

夫妻和谐，是家庭和睦的第一要素。而带小孩呢，属于"烦并快乐着"的琐碎的、漫长的事务性工作。如果，做父亲的能主动地、积极地多抽些时间陪伴孩子，那就能帮助做母亲的分烦分忧，就能让做母亲的多点忙里偷闲、多点快乐微笑。

二、有利于孩子生长发育

相对于母亲的轻声细语和温柔爱抚，父亲与小孩的接触方式更多的是大动作的肢体互动，是举高、追逐、蹦跳腾挪等体能游戏，能给小孩带来较强的身体刺激，能更好促进小孩在身高、体重与肢体协调等方面的生长发育。

三、有利于孩子性格的全面养成、健康形成

由于男女之间的天然差别，父母亲教育孩子的方式方法有一定的差异。一般说来，父亲在动手能力、探索欲望、开阔视野等方面，对孩子的智商、情商都有更大的影响。

还有，从美学知识的熏陶、性格特点的灌输角度看，母亲多从阴柔之美方面影响孩子，父亲多从阳刚之美方面影响孩子。而阴柔之美和阳刚之美对孩子美学知识的熏陶与人生性格的形成都是十分重要的。稍微展开一点说，由于某些原因，如今社会的一些领域、一些行业男性从业人员偏少，这未必是好事。比方说，我的外孙女上幼儿园时，有一天我告诉她："宝贝，你知道吗，外祖父年轻时也当过六年多老师。"但我的外孙女不愿意相信："你当过老师？不可能、不可能！你又不是女人。"因为呀，如今小孩接触到的老师绝大多数是女的！

但愿做父亲的都能多陪伴自己的孩子，陪伴孩子健康成长。

💜 读后心得

_____

_____

_____

_____

_____

_____

29

家长，如何跟学校多沟通

孩子的教育成长，跟家庭、学校的关系都十分密切。只有家庭与学校之间、家长与老师之间经常沟通、密切配合，孩子才可能更好地、更健康地成长——特别是孩子在幼儿园和中小学的时候。一些问题儿童、问题少年的出现，根源往往就出在家长与学校沟通不及时、沟通不充分上面。

曾经有这么一件事：某次暑假快结束的时候，有位单亲家庭的中学生，其家长七拐八弯地找到我，说要我帮帮他的儿子。这位家长是一名工人，他说他的儿子现在某地某中学刚读完高二，马上要开学升高三了。但由于他儿子在校表现有过问题，学校不再让他儿子做住校生了。而他儿子为了方便学业进步，很想当回住校生。我跟那家长说："明天上午，你带你儿子来一下我办公室，让我单独跟他聊一聊。"第二天，那名中学生到了以后，我要他的家长回避，我单独跟中学生聊了一个小时，得知这名少年原本在校表现不错——学习成绩良好，也是学校学生会干部。后来有一次因为某件小事与班主任发生争执，争执中这名学生说了一句"我好想去死呀"，把班主任吓坏了——以为他真有自杀倾向！导致这名学生由住校生变成了走读生——这种情况维持了一个学期了。现在眼看要升高三、跟着要高考了，孩子担心再走读会影响学习成绩，就急着想回校住宿。

我一边听这孩子说话、叙事、谈诉求，一边留意观察他的神情，发现这孩子身强体壮、性格开朗、爱好学习、上进心强，还乐于助人，丝毫没有孤独内向、性格执拗、容易偏激的样子。并且，他自己也对半年前在班主任面前说"我好想去死呀"这句话深感内疚。于是，我细心引导他认真分析了他自己的优缺点，说服他当着我的面写好了一份给老师的检讨加保证书。接着，我叫回孩子的家长，让家长这两天带着小孩的检讨加保证书，去学校找班主任、找年级负责人好好沟通、好好谈……

没过几天，家长十分高兴地告诉我，学校同意他的儿子继续回校住宿了！他的儿子也异常兴奋地加了我的微信，表示要好好珍惜学校给的这次机会，好好学习，加倍努力，争取考上大学、考上一所好一点的大学……

　　我心里呀，老是在想：如果家长能跟学校多沟通、及时沟通、充分沟通，让家庭教育跟学校教育充分联动、充分配合，肯定对孩子的健康成长大有好处！

💜 读后心得

30

为什么说，家里大人不要一齐批评孩子

孩子，要靠教育才能成才，正所谓"玉不琢，不成器"。然而，教育孩子要讲究科学、讲究方法，不能由着家长、大人的性子来。

今天，要跟朋友们交流的家庭教育的话题就是：为什么说，家里大人不要一齐批评孩子？

孩子在成长的过程中，想错点子、说错话、做错事是难免的。常言说得好：人不是生而知之，人是学而知之。

一旦发现孩子想错点子、说错话、做错事，家里大人一定要及时给予有效的批评、引导、纠正。但要注意的是：家里大人不要一齐批评孩子！为什么这样讲呢？那是因为——万一大人都误解了孩子、批评错了孩子的话，孩子就会觉得受了天大的委屈，觉得全家大人没一个人了解他（她）。

如果大人都没有误解孩子、没有批评错孩子的话，孩子也容易因此觉得天都要塌下来了、无地自容了、家里大人都不喜欢自己了。这样，孩子的自尊心、自信心就会饱受打击，甚至孩子有可能因为过分自责、过分自卑而做出出格的行为……

曾经有的孩子因此离家出走、外出流浪，热心人士、相关部门发现后，劝回孩子时问孩子为什么这样，孩子往往会回答："家里人都不喜欢我了""我没脸在家待下去了"。

甚至有的孩子因此过激地产生轻生的念头、走上自己结束自己幼小生命的不归路……

所以呀，我认为：当发现孩子有错的时候，家里大人不要一齐批评孩子，不要让孩子幼小的脆弱的心灵以为自己彻底孤立、完全无助、绝对无望。

💙 读后心得

_____

_____

_____

_____

_____

_____

31

为什么说，家长不要推开 "不听话的孩子"

我们经常看到类似这样的情景：家长一时因为小孩不听话而火冒三丈，一边大声地骂着小孩，一边把扑过来的小孩使劲往外推，嘴里还喊着："你走吧，别跟着我，我再也不要不听话的你了！"喊着喊着家长还真的扭头就走，不管孩子在后面哭得撕心裂肺，边哭边追……

不久前的一天，在某医院的眼科门诊场所，我又看到了这样的情景：一位年轻的母亲带着一个四五岁的女孩来检查眼病。女孩因缺乏常识、内心恐惧，怎么样都不肯配合医护人员检查。折腾了好几次之后，母亲失去了耐心和理性，当场对孩子破口大骂、推推搡搡，大喊："不检查了是吧？不听话了是吧？别叫我'妈'了！我不要你了，再也不要你了！"随后那位母亲真的扭头就往外面走，女孩在后面近乎绝望地哭喊着，边哭边追……

女孩的哭喊声令我动容，我听出了女孩深深的发自内心的恐惧——她是真怕妈妈走掉，从此再也不理她呀！对这女孩而言，最最令她难过的、恐惧的，我想不是批评指责，不是训斥打骂，不是疾病检查，而是妈妈不再接纳她吧？

当感觉孩子不听话的时候，家长采用这种把孩子往外推的做法，似乎可以管用、可以让孩子因为遭受巨大的恐吓而不得不违心地遵从家长的意愿。但是，这并不能让孩子认识到家长为什么不让他（她）这样做，反而是让孩子感觉因为不听话，父母不再喜欢自己了——家长这样对待孩子，十分容易让孩子陷入恐惧、焦虑之中，从而使孩子的内心受到本不该有的伤害。

因此我认为呀，家长批评孩子的时候，应该让孩子懂得：爸爸妈妈是任何时候都会接受你的、爱你的；爸爸妈妈不接受的、不喜欢的，只是你的某些不恰当的或者是错误的行为。

💜 读后心得

_____

_____

_____

32

如何引导孩子从"不可能"中想出"可能"

人作为高等动物，在一周岁以后，大脑就开始迅速发育、成长。随着孩子年龄的逐渐增大，家长要有意识地、积极地引导孩子进行发散性思维。

发散性思维又称求异思维，它是指从多种角度去思考探索问题，寻找多样性解决问题的方法。从小培养孩子的发散性思维，有利于孩子长大后更好地学习知识和应用知识，提高解决问题的能力。

一次，我那8岁的外孙女主动跟我聊天，说假如有朝一日她独自一人在野外遇到一头凶恶的大灰狼，猜猜她会怎么办。我故意说："猜不出，不好猜。"外孙女接着说："我肯定会跳崖自杀。因为，跳崖自杀没那么痛苦，好过被狼活活地咬死——那太痛苦啦！"我问她："就没有其他可能了吗？"外孙女答："肯定只有这两种可能——要不我被狼痛苦地咬死，要不我跳崖自杀。"

我拍了拍外孙女的肩膀，笑着对她说："孩子，你已经慢慢长大了，要逐渐学会求异思维，学会从'不可能'中想出、找出'可能'。像刚才你说的场景，第一，你完全可以避免——小孩独自一人不要跑到危险的野外；第二，狼多在夜间活动，并且狼怕火焰——万一你晚上在野外遇到狼或要防狼，可想办法生起火堆。"

跟着我又问外孙女："万一人在野外遇到一只大老虎的话，又该怎么办呢？"外孙女说："那更恐怖了，那人非死不可！"我又笑了笑，告诉她："孩子，科学家告诉我们，人在野外遇到老虎的话，千万不要慌——老虎一般不会主动攻击人。但是，你不要用目光和老虎对峙——那是相当危险的！也不要马上转身拔腿就跑。你得假装漫不经心地用眼角、用双眼的余光观察老虎——等老虎对你不感兴趣、放松警惕地离开之后，你再从容不迫地撤退。"

外孙女听完之后，很有感悟地点了点头。

我摸着她的后脑勺说："所以呀，碰到问题的时候，你得多想办法，甚至多想几种办法。要努力从'不可能'中想出'可能'。"

♥ 读后心得

33

听话的孩子一定是好孩子吗？

我们常常听到人们这样议论："×××的孩子真乖！""×××的孩子真听话！""×××的孩子有点调皮。"二十世纪九十年代，清远市面上还有一款"乖孩子"书包非常走俏。但是我想，问题来了：听话的孩子一定是好孩子吗？

想想看，我们该怎样教育自己的孩子？我们教育孩子的一个重要任务，是教给孩子辨别是非的能力与创新精神，而不是教他（她）一味地循规蹈矩。

听话的孩子，容易让父母顺心、放心、宽心，但是这样的孩子往往容易缺乏创造力和魄力，缺乏质疑的胆量。要知道，父母的话未必全是金玉良言、真知灼见。父母的话也有不对的时候。

我以为，在现代家庭教育理念中，应该给孩子树立一种辩驳的意识，培养一种质疑的习惯，并相应地创造出这种环境。家庭里面多一点民主的氛围，对把孩子培养成有主张、有见识、有创新精神的人大有好处。

我以为，好孩子不应该只是"听话"。好孩子，应该能够自觉自愿地遵守规则、讲道理、有主见、好学上进，既懂得尊重自己，也懂得尊重他人。

一个极端典型的案例：去年媒体报道，某城市交通要道人行斑马线上，一位六七十岁的爷爷硬拉着四五岁的孙女闯红灯过马路，懂事的孩子执意反对。无奈爷爷力气大，硬拽着她闯红灯。结果，爷爷被汽车当场撞死，幸好孙女只是受了轻伤……

因此我说呀，听话的孩子不一定是好孩子。

♥ 读后心得

_____

_____

_____

_____

_____

_____

34

当孩子遭受委屈时，家长应该怎么办

委屈，是指受到不应该有的指责或待遇而心里难过。作为一个人，或多或少、或大或小都有过受委屈的时候。而孩子一旦受委屈了，往往会比大人受委屈难过得多。因为，孩子的心智远远没有大人的成熟，孩子的历练远远没有大人的复杂，孩子内心的抗击打能力远远没有大人的强悍。所以，孩子一旦受委屈了，会觉得特别难过，容易感觉全世界都不爱他了，会因此心灰意冷，少数孩子还会因此自伤自残——尤其是在学校从老师或同学那里受了较大的委屈以后。

那么作为家长，究竟要怎么办，才能帮孩子及时地、有效地、科学地释放掉委屈情绪呢？我想，下面这五点是非常重要的：

一、给孩子一个拥抱，或一个抚摸，或一个轻拍他

（她）身体的温暖动作，而不应该不问青红皂白就先责骂孩子。不论孩子真说错话做错事，还是真受委屈，家长都应在见到孩子委屈难过的第一时间，向他（她）传递温暖、温馨、温情，让孩子感受到：就算在外面遭受天大的委屈，家里都还有爸爸妈妈的温暖与关怀。

二、认真做好听众。家长要有足够的耐心与良好的方法，诱导孩子把所遭受的委屈原原本本地讲出来。

三、对孩子的心情表示理解，并帮他（她）对委屈进行冷静的分析，提出合理的处理建议。

四、对有极端情绪、特别激动的孩子，可以这样教育、劝导他（她）："不要用别人的错误来惩罚自己。"然后，用吃美食、做游戏、讲故事等方式来分散、转移孩子的注意力，让孩子从委屈的阴影里尽快地走出来。

五、对孩子适当地进行挫折教育，提高孩子的心理承受能力。让孩子知道：人这辈子，不可能事事顺心、时时顺心，所谓"万事如意"只是一种良好的祝愿。

💜 读后心得

_____

_____

_____

_____

35

如何引导孩子正确地面对失败

　　人活一辈子，很难保证生活、做事永远顺利没有波折。面对失败、面对挫折，有的人屡败屡战，甚至越战越勇，有的人却容易打退堂鼓，甚至一蹶不振。

　　今天呀，笔者就想和大家聊这么一个话题：如何引导孩子，从小就学会正确地面对失败。

　　在我看来，引导孩子从小就学会正确地面对失败，恐怕要注重从以下四方面去培养：

　　一、培养孩子的自助心理

　　孩子小时候学走路都摔过跤，摔过许多次跤。看见孩子摔跤之时，多数家长都会快速跑过去，拉起或抱起孩子说些安慰的话语，少数家长同时会抬起脚跺两下地板，吐两口唾沫，以此来安慰摔倒受惊吓的孩子。但也有这样一些"狠心"的家长，看到孩子摔倒以后并不着急马上跑过去，而是大声地、积极地鼓励、引导孩子自己爬起来——
这，就是在培养孩子的自助心理。

二、培养孩子的家庭责任感

当今社会，由于各方面的原因，大家的生育积极性普遍下降，而生出来的小孩子也就更容易被娇生惯养了。许多家长因为无条件地保护孩子、迁就孩子，在无意之中会让孩子觉得自己在家庭中是核心、是第一位的。这对于孩子将来正确面对失败是十分不利的。家长应该让孩子感受到自己只是家庭的一员，与家里其他成员是平等的，以此来慢慢培养孩子的家庭责任感，让孩子学会独立去面对问题。

三、培养孩子的生活自理能力

家长，要适时地培养孩子在穿脱衣服、吃饭做饭、收纳物品、打扫卫生、选购物品、处理日常家务等方面的生活自理能力，并及时灌输一些基本的人际关系常识，帮助孩子的大脑得到更好、更充分的开发，让孩子不至于因一点点小问题就被难住，因一点点小失败就被困住。一定要引导孩子沿着自理能力—学习兴趣—学习能力—自信心—全面发展这样的道路一步步走下去，这样孩子才可能得到更大的进步与发展。

四、培养孩子独立思考和解决问题的能力

家长要注意引导、利用好孩子的好奇心，努力让好奇心成为孩子学习的兴趣、求知的动力。要引导孩子及时认识电子产品、科技产品的"两面性"，鼓励孩子多动手、多动脑、多问几个为什么，不过分依赖甚至依附电子产品、科技产品。面对错误时，多引导孩子分析问题，避免重犯。要为孩子创造宽松、和谐、民主的家庭氛围，努力引导孩子乐观、开朗、敢于质疑、敢于开拓、勇于创新。

但愿有更多的孩子在家长、大人的及时引导、科学培养下，学会正确地应对失败。

💜 读后心得

_____

_____

_____

_____

_____

_____

36

为什么说，夫妻吵架时不要 总喜欢翻旧账

　　婚前恋爱是甜蜜、浪漫的，婚后生活、夫妻日夜相处是现实、烦琐的。恋爱考验人，婚后生活更考验人。因此，我经常对年轻朋友建议：准备好了再结婚——并且，这里所指的更多的不是婚前的准备，而是婚后的准备与预知预见。

　　一对恋人结婚成家之后，体验到成家的幸福的同时，夫妻朝夕相处之下，不满也容易产生，矛盾也容易出现，拌拌嘴、吵吵架有时也是难免的。然而，夫妻吵架时，有的人总喜欢翻旧账——

　　当一方善意地指出对方的某些不足时，另一方往往一句话塞回去："你自己管好自己就可以了！某一年的某一天，你不也是这样吗？！"

　　当一方轻声地提醒对方注意某细节时，另一方往往一

盆凉水泼过来："不用你提醒！前年春节在我老家，你不是更不注意细节吗？！"

当一方温柔地暗示对方批评小孩子别太过分时，另一方往往大声呵斥："前两个月，你骂小孩子骂得还不厉害吗？！"

这，就是典型的夫妻之间翻旧账。

翻旧账，容易把情变冷，把话说死，把事闹大。试想，如果夫妻两人各执己见，各翻旧账，那就不吵也得吵，小吵变大吵，大吵还可能形成家变。

俗话说得好哇，"吵架无好言，打架无好拳"。夫妻之间，除非在张口吵架之前已经不想把这个家维持下去了，否则的话，夫妻都要十分注意：

一、彼此少争对错，吵架少翻旧账。千万不要应了那句说法："恋爱时，有说不完的话；结婚后，有吵不完的架。"

二、翻旧账、动肝火前，尽量能够冷静地想一想他（她）的长处和家的好处。记住那句老话："饭可以乱吃，话不可以乱讲。"

愿天底下更多的夫妻能够长久相爱，更多的家庭能够长久和睦。记住：夫妻之间，旧账少提——过去了的就让它过去吧……

正所谓"风物长宜放眼量"，千万不要因为总是翻旧账而把自己为人处事、思考问题的格局给弄小了。

💜 读后心得

37

为何不要在家人气头上与之较真

较真是一个汉字词语，主要是指认真、太当回事，与含糊、模糊相对。

爱较真，好还是不好？是优点还是缺点？其实得具体情况具体分析。一般说来，对自己的工作爱较真，这就应该是优点；但对别人的生活习惯爱较真，对日常的生活琐事爱较真，对邻居、同事、朋友、家人的一言一行爱较真，就很可能是缺点。尤其在家人气头上与之较真，就很容易火上浇油，使自己与对方一起失去理智、升级冲突了……

比方说，夫妻之间有一方突然嫌另一方照顾孩子不够周到、细致，因此唠叨起来，越唠叨越激动，这时候另一方不管对方说得对与不对、过与没过，千万不要跟对方较真争辩。否则，一场家庭"大战"就可能因此爆发……

　　比方说，两个成年家人之间，有一方突然嫌另一方在某件小事的处理上不公平、不高明、不合理，因此大动肝火，这时候另一方可选择做些简要的解释说明，也可选择暂时性的沉默——等换个时间或换个场合对方冷静了再与之沟通交流，还可选择大度、宽容——当时沉默，以后也不主动提起这事。否则，双方可能因此大吵一场然后"冷战"好些日子……

　　俗话说得好——"不是一家人，不进一家门。"既是一家人，内心里总盼望和睦相处。但为什么好些人在这方面总感觉"理想很丰满、现实很骨感"呢？因为，一家人要和睦相处也得讲艺术、讲规律、讲法则。这艺术、这规律、这法则中的一条，就是不要在家人气头上与之较真。

　　也许有的人会问："冷静下来的时候，我也明白不要在家人气头上与之较真。但我就是在关键时刻做不到哇！怎么办？"

　　在这里，我提两点参考意见：

　　第一点，在家庭问题上、在与家人的关系上，不要做完美主义者。

　　第二点，在家人气头上，当你快忍不住想与之较真时，先强迫自己吞咽三五下口水，这样能有效地抑制体内血液往脑门上冲。

💜 读后心得

38

为什么说，陪伴是对年幼孩子最好的亲情教育

有一种情感，叫亲情；有一种温暖，叫家人的陪伴。在我看来，陪伴是父母对年幼孩子最好的亲情教育。

年幼的孩子，对世界懵懂无知，事事依赖着父母、时时离不开父母。这时候，父母的陪伴，是最好的家庭教育、最有效的亲情教育。这时候，只有陪伴，才能让孩子感受到浓浓的亲情。

有的父母，总抱怨子女与自己没多少感情。这里面除了其他一些原因之外，很重要的一条，就是孩子年幼的时候你陪伴不足、亲情教育缺失——或许是由于你到外地打工，把子女变成留守儿童，或许是你把孩子托付给保姆，自己过问得少之又少，或许是你将年幼的孩子送到寄宿制学校，周末也很少与孩子亲近，又或许是你当年夫妻离异，孩子跟随了另一方……

我想，从亲情教育的角度考虑，做父母的，在子女年幼的时候，不管什么原因，不管多么忙碌，都要尽可能抽出多一点的时间陪伴孩子，让孩子在浓浓亲情的温暖、滋润、激励下健康成长。

当年我的女儿还是婴幼儿的时候，我最初是在英德县城郊区工作，白天女儿都被妻子骑自行车送去县城内岳母家照看。一个夏天的傍晚，妻子一个人骑车从县城下班回家——背上没有像往常那样背着女儿，我就问："女儿呢？"妻子回答："我妈见老天要下大雨了，说今晚女儿留她家过夜算了。"我抬头望了望天空——这雨还没那么快下呢，于是我拿上背带、披上雨衣、蹬上自行车，迅速赶到岳母家把女儿接了回来……我的观点是："既然把小孩生下来了，就要让小孩与父母有感情、有尽可能深的感情。"

父母陪伴年幼的孩子，可以陪伴孩子旅游，可以陪伴孩子在家附近转转，可以陪伴孩子看看书、运动运动、聊聊天、做做游戏、说说生活常识社会常识等等。

有了陪伴孩子的主动意识与积极行为之后，父母还要努力地让孩子喜欢、更喜欢家长的陪伴。这就需要父母既对孩子有所要求，又对孩子充分尊重。陪伴是好事，但要努力避免孩子与家长在情感上因陪伴而产生距离。

因此，父母陪伴孩子时，要尊重孩子，多让孩子做主，多引导孩子选择决定，多倾听孩子说话，多赏识、表扬孩子，多顺势做一些引导、提一些期望。

请朋友们记住：陪伴，是对孩子，尤其年幼孩子最好的关爱、最有效的亲情教育。

💜 读后心得

_____

_____

_____

_____

_____

_____

39

为什么说，陪伴是对年迈父母最好的亲情表达

父母与子女的亲情，是无法替代的。有段话说得好："父母在，人生尚有来处；父母去，人生只剩归途。父母不需要你挣多少钱，父母不需要你有多成功，他们最需要儿女的陪伴。"当然，一听内容，就知道这里的父母指的是年迈的父母。

我认为，陪伴是对年迈父母最好的亲情表达！

我们年幼的时候，父母陪伴我们，给我们满满的温馨、温暖、温情；父母年迈的时候，我们陪伴父母，让最容易"满足"的父母得到"满足"——我们帮着父母收拾房间，洗刷碗筷，细心讲解新型电器、手机的功能和使用方法，聊天时不做"低头族"魂不守舍……这些细节就足以让年迈的父母宽心、微笑；我们与年迈的父母多吃几顿饭，多听听他们的甜蜜与忧伤、多说说自己的欢喜与惆

怅……这些做法就足以让年迈的父母欣慰、幸福。

多年前，《南方日报》刊登过一篇这样的散文：身处都市人到中年的散文作者整天忙于公务，很少顾及家中年迈母亲的精神需求，只以为让母亲吃好了、穿好了、休息好了就足够了。某个周末，母亲让儿子带她逛街。儿子领着母亲逛了一条街又一条街，进出了一个商场又一个商场，却看不见母亲有任何购物意图。儿子正准备因不耐烦而发点牢骚之时，忽然发现母亲嘴角露出一丝久违的微笑。儿子顿时醒悟：年迈的母亲叫自己逛街并不是为了购物，只是想儿子多点时间陪伴一下她而已……

我的父亲，是一位在新中国成立前参加革命工作的离休老干部。2001年父亲中风复发病危之际，我匆忙地由500公里外的清远市赶回老家的人民医院病房，来到老父亲身旁。那时候我的父亲已经不能说话，也无法写字，一见到我就瞪大双眼，然后伸出右手食指在空中反复地划圈……到父亲去世，一直到今天，我都破译不了父亲弥留人世之际的手语……

有一段话说得很不错，我在这里转述给大家，作为本文的结束语——

"我们一生都在做着无数的算术题。上学时，算术题是必须完成的作业和考试；工作后，开始计算收入，计算开销；结婚生子后，计算存多少钱可以买一套房或养一个孩子。可你有没有算过，自己还能陪父母多久？"

💜 读后心得

40

为什么说，父母对孩子光有爱与
宽容是不够的

父母爱孩子，是人之常情、人所必然。先贤还说，要
"幼吾幼，以及人之幼"呢！

父母爱孩子，包容孩子在成长过程中的磕磕碰碰、
曲曲折折，是可以理解的。但做父母的一定得知道，对孩
子光有爱与宽容是不够的。因为，光有爱与宽容，往往就
意味着家庭教育几乎被忽略。这对孩子的成长是非常危险
的。

有些为人父母者，片面理解民主型父母与民主型家
庭，只顾或只敢给孩子爱和自由、空间和权利。这往往会
事与愿违，到后来害了孩子。

作为父母，我们天生就对孩子有着教育的责任，必须
对孩子的言谈举止给予关注、给予规范、给予约束、给予
指导。

真正合格的父母，不应该对年幼的孩子有求必应，时时事事处处迁就。因为，那是父母放弃了自己教育子女的责任。相反，父母更应该做的、更必须做的，是给孩子划好界线、定好规划，让年幼的孩子知道什么该说什么不该说、什么该做什么不该做。父母既要让年幼的孩子充分感受到父母之爱，又要让年幼的孩子认可并遵从父母应有的权威。

现实生活中，曾有过这样惨痛的、难以逆转的例子——一些父母对孩子自幼过于溺爱，让孩子向来随心所欲，父母一次又一次放弃自己的权威，把爱与宽容降格为讨好孩子的手段，从而让孩子一步步失控，直至走向父母的对立面、人民的对立面、社会的对立面、法律的对立面……

所以说，父母对孩子光有爱与宽容是不够的。

💙 读后心得

_____

_____

_____

_____

_____

41

帮忙带孙子外孙的老人，如何处理好与儿女的关系

很多人，前半生为生活忙忙碌碌，老了以后还在为儿女奉献"剩下的价值"——为儿女们照看孩子。

然而，帮忙带孙子外孙的老人，也面临一个回避不了的问题——如何处理好与子女的关系。

相当一部分帮忙带孙子外孙的老人，都有一种"吃力不讨好"或"吃力难讨好"的感觉——明明自己是为了孙子孙女、外孙外孙女在用心付出，可往往很难得到儿子儿媳、女儿女婿的理解、满意。

不少做儿子儿媳、女儿女婿的年轻人都认为，老人帮忙带孙辈小孩，是理所应当的，带得好、带得尽心尽力不辞劳苦，是必须的。而一旦带得不好、带得不符合儿子儿媳、女儿女婿的要求与期望，老人就容易遭到年轻儿女们的抱怨，甚至嫌弃——从而让老人感觉身心疲惫，身体

上、精神上都轻松不下来。

那么，帮忙带孙子外孙的老人，该如何处理好与儿女的关系呢？我这里提三条建议：

建议一：明确带孙时间，给自己留下喘息的空间。在一开始带孙的时候，就要与儿女说明：他们才是孙辈的父母，亲子教育非常重要，周末或其他休息日，小孩子应主要由他们做父母的来照顾。

建议二：明确带孙要求，什么事该做、什么事不该做趁早让年轻人说清楚。比如年轻人要求幼儿不玩手机、少看电视，老人就要协助执行；比如年轻人不让孩子吃糖和膨化食品，老人就不应该把糖和膨化食品当成哄小孩子的东西……

建议三：摆正老人位置，给自己一种好的心态。老人去给儿女照看孙辈，儿女才是家长，才是孙辈的父母，而且儿女因为年轻，普遍掌握了更新的、更科学的生活常识与育儿知识，老人要尽量地尊重儿女，尽量按儿女的要求去做。

当然喽，做儿子儿媳、女儿女婿的年轻人，对帮忙带孙辈孩子的老人，更要多一分感激、多一分理解与宽容，和老人说话，特别是提要求时口气不要太过生硬。

♥ 读后心得

42

父母，该如何引导孩子踏实地做人处事

踏实，指的是态度认真、不浮躁，心绪安宁、平稳。

为人父母，一定要很好地引导孩子踏实做人处事。

一位多年的老同事与我微信聊天，说他儿子大学毕业八九年了，工作高不成低不就，三十出头了一事无成，对人生、对前途有点儿迷茫。我可以说是看着他的儿子长大的，便对老同事说："你可以带他到我的工作室聊聊呀。"

第二天上午，老同事和他的儿子到了我的工作室。两三年没见，我觉得他的儿子似乎更稳重了、样子更好看了，只是这个做儿子的目光与话语中已经没有了年轻人的锐气，人已经稳重得接近消沉了……

一番交谈后，得知这名年轻人（小王）拿到本科文凭后，做过政府雇员，当过国企管理人员，然后揣着不

多的本钱与远大的理想下海经商——亏了，谈恋爱也谈崩了，现时是歇业在家吃闲饭，正准备应聘去某饭店做流汗多、赚钱少的苦力。我微笑着，却是很正经、很直率地对小王讲："你的问题就在于做人处事不踏实，浮躁，好高骛远，急功近利，拿跳槽当饭吃，因此一事无成，心生迷茫……"小王坦率地说："现在我都后悔死了，完了完了……"我继续笑着跟他说："现在后悔也不迟，也没完。"然后我跟小王聊了踏实做人处事的重要性，并建议他现在再找工作不要盲目，不要着急，要尽量找适合自己专业的、方便发挥自己专长的工作，找到后静下心来认真干，争取早日干出点成绩。

朋友们，引导孩子踏实地做人处事的确十分重要。父母该如何引导孩子踏实地做人处事呢？我这里提三条建议：

第一，父母应该给孩子树立脚踏实地的榜样，努力让孩子感悟到，"成功是靠一步步努力获得的"。而不要让孩子看到我们对什么事情都急功近利，不讲条理不顾章法，想一下子完成，万一一下子完成不了就怨天尤人。

第二，告诉孩子做事情要循序渐进。教育孩子循序渐进地做好每一件事情，注重由浅入深，由易到难，由简单到复杂，就好像幼儿得先学走路后学跑步一样，否则很可能"欲速则不达"。

第三，对浮躁心理明显、总喜欢"一口吃成个大胖子"的孩子，不妨找一些典型的踏实做人处事然后取得明显成效的励志人物、励志故事、励志书籍激励他（她），引导其健康成长。

朋友们，有句话我愿意和大家分享并共勉：我们这个世界从来都不缺少梦想，缺少的是脚踏实地把梦想变成现实的人。

💜 读后心得

_____

_____

_____

_____

_____

43

如何当好考试前后的家长

每一次中小学生考试前后，特别是每一次重要考试前后，家长的表现其实对孩子的影响也是不小的。

考试前，孩子紧张，家长也紧张，有的家长甚至比孩子更紧张——每天总是督促孩子复习、复习、复习；还要做好后勤保障，负责一天三顿，甚至四顿（含夜宵）的营养保障；还要监督孩子在复习、考试期间一不准玩、二不准晚睡觉。个别家长，还给孩子定"考试指标"，规定要达到多少分、排到全班全级第几名。

考完试，如果成绩好，全家自然皆大欢喜；如果成绩不好，有的家长会痛骂孩子，甚至采取惩罚性手段；有的家长会唉声叹气地埋怨孩子；有的家长会一言不发地闷闷不乐……

但是这些家长到底认真想过没有：你的紧张，很容易转移到孩子身上，使孩子加倍紧张；你的责备、埋怨，只会是对因考试成绩不好而伤心的孩子雪上加霜……

家长对孩子的考试不闻不问，肯定是不对的；而家长对孩子的考试过于紧张，也不可能产生好的效果。

孩子考试前后，家长要采取哪些做法才算是恰如其分、对孩子有益呢？我提出下面几点与朋友们交流：

一、考试前，家长不要加重孩子心理压力，而是要给孩子鼓励，激发孩子的自信心与上进心，缓解孩子的紧张感。

二、有条件的家长，可以根据孩子平时的学习状况和以往的考试情况，给予一些有针对性的指导意见。

三、考完试，如果孩子成绩理想，家长可以对他（她）适度表扬，同时提醒他（她）不要骄傲；如果孩子成绩不好，家长要掩饰自己的不满心情，不加重孩子的失望情绪。等小孩冷静下来以后，再和他（她）一起分析成绩和试卷。

四、家长要树立正确的人才观、择业观。社会并不要求，也不需要，亦不可能人人都是大学生、研究生，人人都是博士、教授、研究员。

💜 读后心得

44

如何让孩子学会生活

现代社会，要求一个人不仅要有知识、有技术，还要有能力、有广泛的社会适应性。这反映到学校教育与家庭教育方面，就是不能有太多的高分低能的孩子出现。

我们常常可以看到，一些中学生、大学生，甚至一些走上了社会、走进了单位工作的年轻人，学习成绩不错、智商不低，但在生活上却缺乏常识、缺乏基本的动手能力，在人际关系上也容易束手无策，很难与人相处……究其原因，多是因为他们以前的成长环境中，只注重学习成绩、唯分数论造成的。

其实，学会生活，是提高人的综合素质的一个重要方面。我们要从少年时期，甚至儿童时期开始培养和训练孩子的生活、生存能力。怎么培养、怎么训练呢？我想，至少要从这五方面去入手——

一、生活能自理。不依赖他人就能够独立生活，具备生活、生存的常识与基本能力、基本技能。

二、善与人交往。能建立和维持良好的人际关系，有一定的朋友。需要时，找得到合作伙伴。

三、会适应和利用环境。面对不同的生活方式、不同的工作环境、不同的社会环境，能较快较好地适应，并能注重利用环境。

四、有良好心态。处顺境时不过分张狂、骄横，处逆境时不过分慌乱、失落。对优秀者尊敬而不妒忌，对弱小者同情而不厌弃。

五、懂得基本的自我保护。比如，有防火、防雷、防电、防震、防溺、防骗、防意外等方面的基本知识，遇突发应急事件有基本的自保能力与逃生本领。

朋友们：我们既要督促和指导孩子读好书，也要指引、指导孩子独立生活。能够独立生活、能够很好地独立生活，更是一个人生存、生活、适应社会的基本条件。

💜 读后心得

_____

_____

_____

_____

45

为什么说，有必要对孩子进行忧患教育

对孩子进行忧患教育，就是对孩子进行忧患意识的教育，让孩子处于安定之中仍然不忘思虑急难处境，保持一定的危机感、危机意识。

有段时间，我也曾经以为，父母爱孩子，就要努力地让孩子生存好、生活好、无忧无虑。后来随着阅历的增多、思考的加深，我越来越觉得家长有必要对孩子进行忧患教育——无论是从地球、人类的角度，还是从国家、民族的角度，或者是从小家、个人的角度。

从地球、人类的角度看，我们得教育孩子关爱地球——人类的共同家园，努力让地球承载人类生存、活动、发展的时间更加久远一点；我们得积极参与构建人类命运共同体。

从国家、民族的角度看，我们得教育孩子记住中国、中华民族曾经屈辱的历史、曾经悲伤的过去、曾经苦难的日子、曾经落后挨打的疼痛，不断增强爱国意识，不断振奋民族精神，不断为中华民族的伟大复兴发奋图强。

从小家、个人的角度看，我们得教育孩子——身处激烈竞争的年代也是优胜劣汰的年代。国家不能保证你家永远没有大灾小难，不能保证你永远不会失业，不能保证你永远拥有优渥的福利待遇，不能保证你永远过无忧无虑的生活。如果你满足于一星半点的成绩、成就，不再奋发向上，很快就会被社会淘汰。

朋友们，让孩子从小适当地知道点忧愁，懂得生活的不易，树立应有的忧患意识，有助于孩子产生责任感，还有助于让孩子从小就知道——生活实际就是甜蜜与苦涩、成功与失败的组合。

💜 读后心得

46

为什么说，要重视孩子的格局教育

　　格局，是一个汉语词语，意思是对事物的认知范围。格局所体现出来的，是人的气质、修养、眼界、手段、谋略等等。只看重眼前利益的人、抱怨大于行动的人、思维过于局限的人，都属于格局不大的人。

　　有远见的父母多希望孩子有大的格局。过去人们常说的"穷养儿子富养女"，其中多少也隐有格局教育的意思。所谓"不想当将军的士兵不是好士兵"，强调的也是格局问题。

　　曾国藩说过，"谋大事者，首重格局"。而人的格局，是需要慢慢培养、潜心教化、逐步做大的。记得许多年前，央视记者为了宣传脱贫与义务教育，扛着摄像枪到西北贫困山区现场采访一位辍学的放羊娃："小朋友，放羊呢。为啥放羊呀？"对方回答："为了长大后盖房子。""盖房子为啥呀？""为了生娃。""娃娃长大后干啥呢？""放羊，赚钱盖房子……"

那么家长要怎样去重视孩子的格局教育呢？我想下面六条应该是少不了的——

一、家长的眼光、胸怀、胆识不能太过短小，家长的朋友圈、社会圈要有所讲究，要让孩子从小在父母的正确影响、在家风的良好熏陶下，树立格局意识，学会应有的取舍。

二、家长要重视教育孩子爱读书、多思考，学会从高处看问题，从大处看利弊，从远处权衡得失。

三、家长要支持、引导孩子交友，交好朋友，交值得交的有益的朋友，注重培养孩子的沟通意识和合作意识。

四、家长要鼓励孩子多做事、多实践、多体验、多长见识，懂得"经历也是财富"的道理。

五、家长要支持、引导孩子人生有梦想，学习生活工作有激情，对周边事物敏感、有好奇心。

六、家长要允许孩子质疑，鼓励提出不同意见，注重培养孩子的独立人格，而不是习惯于人云亦云。

朋友们：优秀孩子的背后，多有优秀家长的悉心栽培、成功托举。愿有更多的家长真正重视孩子的格局教育，愿有更多的孩子能接受到及时的良好的格局教育。

♥ 读后心得

47

如何对孩子进行偶像的教育与引导

偶像，本义是指用木头、泥土等雕塑的供迷信人敬奉的神像，后来泛指崇拜的对象。

调查显示，当今时代，许多青少年都有自己的偶像，而且这偶像多是娱乐界的明星。并且，很多孩子追星是盲目的、一时心血来潮的，一些孩子为了追星、捧星，还不惜花费巨额钱财。偏偏近几年娱乐界又接二连三地出事，好些娱乐之星人设崩塌，这对追他们、捧他们、崇拜他们的青少年负面影响尤其大，有的青少年甚至因此失去生活目标、失去生活热情……

由此看来，家长们有必要对孩子进行偶像方面的及时教育与引导，以免孩子在这方面误入歧途，或者说，帮助在这方面误入歧途的孩子早日回归正路。

第一，我们家长要正确看待孩子的偶像崇拜。偶像崇拜是当今青少年精神生活的重要内容——这已成为不争的社会现实。

第二，教育、引导孩子不要盲目崇拜、轻易崇拜，而要选准、选好偶像，选对自己最有价值、最有意义、最励志的偶像。要循循善诱地引导孩子：别只知道在娱乐界选偶像，在科技界、教育界、体育界、劳模界、医疗卫生界、军界、平民英雄界……更有许多值得尊敬的人物、值得学习的榜样、值得崇拜的偶像。

第三，多关注孩子的情感需求。孩子不是说吃好了、穿暖了、学习成绩不错了就可以了。随着年龄的增长，孩子的情感需求、精神需求越来越大。家长要多与孩子进行真诚的、有效的沟通交流。当孩子的情感需求能够从父母身上得到更多满足时，孩子盲目崇拜偶像的情况就会少很多。

第四，多引导孩子正确支持偶像。要努力地让孩子明白：真正支持的应该是偶像的内在品质、偶像身上真正的闪光点，而不是偶像的外貌与穿着打扮、说话方式等浅表性的东西。并且，崇拜偶像也要理性、理智，千万不能过激、过度、过分狂热。

第五，家长要加强学习，加强修养，注重青少年心理特点，注重自己的教育、引导方法。要知道，这方面的教育、引导，轻视不得，也急不得；既要重视，更要讲究方法与效果。

　　有位从事中等学校教育的专家说，他是这样引导学生崇拜偶像的——他要求他的每一个学生都在老师的引导下找到一位偶像，买回一本介绍偶像事迹的图书或自传，然后好好阅读、好好励志。结果，他的学生学习成绩提升得很快……我想，这对大家也是一个不错的启发。

💜 读后心得

48

家长该如何培养孩子的观察力

观察或者说观察能力、观察力，是写作的需要，是深入学习的需要，也是进入复杂社会生活的需要。写作素材的积累、实验过程的观察、作业练习与考试时的审题读题等等，都离不开细致精确的观察。

当家长的，最好能有意识地在孩子比较幼小的时候就注意培养他（她）的观察力：

一、注意培养孩子树立喜欢观察、主动观察的意识，引导孩子形成勤于观察的习惯，努力避免孩子粗心大意，变成"马大哈"。可以通过在玩相关的亲子游戏、带孩子出去户外活动时引导其观察一事一物等诸多渠道进行。

二、注意引导孩子学会观察细节。既然是观察，就要观察仔细，不要满足于"大概"。

三、注意引导孩子学会观察差别。通过观察、比对，学会区分这一事与那一事、这一物与那一物的不同点。

四、注意引导孩子学会有序观察。观察多了以后，要慢慢注意有序观察，努力使观察和思考不零乱。

五、注意引导孩子学会观察周到。千万不要一叶障目。

六、注意引导孩子学会观察规律。努力去观察、掌握事与物的有关规律性的东西。

七、注意引导孩子学会运用已有的知识、经验去联想、去理解观察对象。

我们要教育孩子记住巴甫洛夫那句名言：观察、观察、再观察。要引导孩子通过观察增加知识、增长智慧。

💜 读后心得

49

离异父母该如何关爱正在受伤和容易受伤的子女

　　大家都知道，现实社会里，并非每一对夫妻在进入到婚姻之后都可以过上幸福的生活。每一个人原来长时间的生活环境不同，每一个人原来长时间形成的性格与"三观"不同，注定两个人走到一起之后，容易产生很多的矛盾。矛盾被包容、处理得比较差的夫妻，就可能选择离婚——曾经有一段时间，我国某些城市的离婚登记率甚至高于结婚登记率。这两年，由于"离婚冷静期"法律条文的出现与其他因素的共同作用，离婚登记率开始有所下降。

　　离婚对与不对、该与不该，不可能一言以蔽之。毕竟，相对于封建社会而言，离婚似乎象征着一种进步；毕竟，相对于痛苦的婚姻而言，离婚似乎又象征着一种解脱——曾经有一名刚离婚不久的中年妇女请几名闺蜜吃饭，闺蜜中有多嘴的问她："今天请吃饭的主题是什么？"对方爽快地回答："庆祝我离婚！"

而在这里，我想和朋友们交流、探讨的话题是：离异父母，该如何关爱受伤的和容易受伤的子女？

父母离异，可能是不得已而为之，可能是痛苦婚姻的解脱……但不管如何，父母离异，最容易受伤和最有可能受伤的人，基本上都是子女——主要是那些未成年子女，即那些婴幼儿期的子女（包括母亲离异前怀上、离异后才出生的子女）和正在读小学、中学的子女。太多未成年子女由于父母离异而导致心理与肉体遭遇伤害，学习与成长遭受影响，甚至生命安全遭遇危险的不幸例子，这里就不列举了。我想和朋友们交流的看法是：离异父母守住了四条底线，就能够比较好地关爱自己的年幼子女：

第一条底线：感情底线。不管怎么讲，这子女是离异父母的骨肉，是离异父母把他（她）带到人世间的。从人情上、亲情上说，离异父母都不能太亏待子女，也不能容许自己再婚的另一半在精神和肉体上虐待自己的骨肉。

第二条底线：教育底线。一是不要把自己所有的希望都寄托在孩子身上。有人离异后，为了孩子没有再婚，然后把自己所有的希望都寄托在孩子的身上，望子成龙、望女成凤，结果让孩子"压力山大"。二是不要把气"撒"在孩子身上。有人离婚后稍不顺心，就拿孩子出气。三是不要禁止孩子与前配偶及其亲戚之间的来往，企图人为地割断孩子某方面的亲情。四是不要对孩子疏于照顾或不管不顾。有人离婚后为了方便再婚,把孩子扔给父母或亲戚,甚至扔到路边扔给社会……有人离婚时子女判给了对方,离婚后就对子女不管不顾。也有人再婚后只顾自己的再婚家庭再婚子女,对原来的子女疏于照顾、视而不见或抛到脑后。

第三条底线:道德底线。人,必须是讲道德、有良知的高等动物。有失文明、有辱斯文、违背道德人伦的事情,对谁都不能做,对自己的亲生骨肉尤其不能做。

第四条底线:法律底线。法律,是道德后面的最后一道防线,或者说最后一条底线。为了自己、为了子女、为了社会,一定不要触碰法律这条底线中的底线。一定不要"走火入魔",因为自己离异前的子女去触碰法律底线。

我衷心地希望父母离异的孩子:不会因为父母的离异而失去爱的港湾……

♥ 读后心得

_____

_____

_____

_____

_____

50

哪种养老方式更适合你

我国是世界上老年人口最多的国家，全国60岁及以上老年人口达2.64亿，占总人口的18.7%；65岁及以上老年人口达到1.9亿，占总人口的13.5%。目前，每100个中国人中，就有18.7位老年人——60岁及以上的人。老龄化的加深伴随而来的是老年人对养老服务需求更加多元化。政府和市场也在根据老年人的需求，不断重视养老服务，不断创新养老模型。有的地方政府甚至出台奖励、补贴政策，鼓励闲置或经营不善的酒店、楼宇改造成养老机构。

有人总结了一下：当前常见的养老模式有10种：①居家养老②社区养老③机构养老④CCRC养老⑤生命健康城养老⑥康养小镇养老⑦乡村养老⑧以房养老⑨互助养老⑩旅居养老。

这10种养老模式可能会令一些老年人眼花缭乱。其实，这10种养老模式各具特点、各有千秋，关键是老年人要借得一双"慧眼"，把这些基本的养老模式看得清清楚楚、明明白白、真真切切……

正所谓"适合自己的才是最好的"，面对各种各样的养老模式，老年人一定要冷静地考虑清楚自己的身体健康状况、子女状况、经济状况、个人喜好、房产状况等。

在我看来，对于更多的普通老年人而言，恐怕还是"居家养老+社区养老"比较现实、比较可行。对政府来说，"居家养老+社区养老"也比较认可，比较容易推广、普及。"居家养老+社区养老"融合得比较好的，如甘肃省兰州市城关区，办成了服务实打实的虚拟养老院。

清远刚成立不久的远航居家养老服务中心，它的服务理念也不错：一是注重提供舒适、实用、彰显个性化的居家适老化改造服务；二是注重研究与推广智慧养老，打造"互联网+"的居家养老服务，实现线上线下的有机结合、优势互补。

养老，原本是古代的一种礼制：择取年老而贤能的人，按时供给酒食，并加以礼敬。如今，养老是一种事业，也是一项产业，更是政府、社会和老年人越来越关注的话题。衷心祝愿每一个老年人都能找到适合自己的、称心如意的养老模式。

💜 读后心得

51

如何度过离婚冷静期

2021年1月1日起，《中华人民共和国民法典》实施。为了贯彻民法典有关离婚冷静期制度的规定，民政部对婚姻登记程序进行调整，在离婚程序中增加冷静期。调整后的离婚登记程序包括申请、受理、冷静期、审查、登记（发证）等。

关于这冷静期，具体来说，就是自婚姻登记机关收到离婚登记申请并向当事人发放《离婚登记申请受理回执单》之日起三十日内，任何一方不愿意离婚的，可以持本人有效身份证件和《离婚登记申请受理回执单》（遗失的可不提供，但需书面说明情况），向受理离婚登记申请的婚姻登记机关撤回离婚登记申请，并亲自填写《撤回离婚登记申请书》。经婚姻登记机关核实无误后，发给《撤回离婚登记申请确认单》，并将《离婚登记申请书》《撤回离婚登记申请书》与《撤回离婚登记申请确认单（存根联）》一并存档。自离婚冷静期届满后三十日内，双方未共同到婚姻登记机关申请发给离婚证的，视为撤回离婚登记申请。

在这里，我们要明确，离婚冷静期制度针对的对象不是那些长期受到家庭暴力的当事人。它仅仅只能针对一些冲动型离婚的特定人群。对冲动型离婚的当事人来说，他们的心情波动较大，在提出离婚时往往没有一个成熟的想法，因此很多都会在离婚之后反悔。而离婚冷静期制度的出现，可以让冲动型离婚有一定的思考期限，有助于挽回那些值得挽回的婚姻。

那么，作为冲动型离婚的人群，该如何度过离婚冷静期呢？

一、冷静期不争吵，双方一定要保持冷静、理智。如果双方还不是很想离婚，那就千万不要通过吵闹来进一步损伤双方的感情；如果双方决意离婚，那么吵闹也没有意义了。

二、多想想对方的可爱之处，多想想对方当初吸引你的地方，多想想当初你与对方的亲密、你给对方的承诺。

三、多反思自己是否在婚后对对方要求太高了，是否在婚后努力地想改变对方。要知道，"江山易改，禀性难移"，一个成年人是很难在根本上改变另一个成年人的。

婚后的双方，更多的应该是努力地为对方着想，努力地理解对方、适应对方。

四、双方都要认真地、充分地考虑：是否要给对方一次机会？

五、如果夫妻在冷静期沟通不顺畅、矛盾确实比较严重，再没有和好可能的话，那么双方就应该考虑下一步动作，准备按流程走完离婚办理的步骤，包括考虑离婚的其他相关细节，包括自己的一些主张与证据了。

最后，我还是祝愿更多的婚姻能够经受住各种考验，祝愿更多的婚姻能够走得更远……

💜 读后心得

_____

_____

_____

_____

_____